# 정체성이 아닌 것

# 정체성이 아닌 것

**Ce que n'est pas l'identité**

나탈리 하이니히 지음, 임지영 옮김

**산지니**

츠베탕 토도로프Tzvetan Todorov를 기리며

(1939-2017)

# 차례

자기 자신이 되는 가장 빠른 길은 타인을 통해서다.

- 폴 리쾨르Paul Ricoeur

　'불행한' 정체성, 정체성의 '불편', 정체성의 '불안', 정체성의 '불가해성', 정체성의 '함정', '전쟁', 정체성의 '환상', '모호한' 정체성, '살인자'의 정체성, '히스테리', 패닉… 오늘날 '정체성'의 단어에 사회문제적 의미가 덧붙여진 현상은 철학자에서 사회학자, 풍자가에서 인구통계론자, 정신분석학자에서 인류학자로 이어지는 프랑스 사상가들의 역할에서 비롯되었다고 볼 수 있다.[1]

------

1　언급한 단어의 의미는 아래의 책에서 참고했다. Alain Finkielkraut, *L'identité malheureuse*, Stock, 2013 ; Vincent Descombes, *Les Embarras de l'identité*, Gallimard, 2013 ; Laurent Bouvet, *L'Insécurité culturelle. Le malaise identitaire français*, Fayard, 2015 ; Hervé Le Bras, *Malaise dans l'identité*, Actes Sud, 2017 ; Pierre-André Taguieff, Etre Français : une évidence, un "je-ne-sais-quoi" et une énigme, *Dogma. Revue de philosophie et de sciences humaines,* mars 2016 ;

    정체성의 개념 도출 방식에서 알게 되겠지만
이 책의 목적은 정체성 개념에 혼란을 가중시켜 개
탄하기보다 지성적이고 정치적인 측면을 강조하여
그동안 충분히 다루지 않았던 정체성 개념을 명료
화하는 데 있다.

    사회과학, 특히 사회학의 어려움이자 매력은
일상 언어에 대한 탐구이다. 비록 전문 용어가 특
정 개념을 잘 정의하고 있더라도('아노미', '사회인구
론적 변수', '아비투스' 등), 유감스럽게도 용어 대부분
이 연구의 대상이 된다. 왜냐하면 '정치', '예술', '종
교', '권력', '가치', '정체성'과 같은 단어는 한 단어
속에 상식적 개념과 지성적 개념이 동시에 함축되

---

Régis Meyran(avec Valéry Rasplus), *Les pièges de l'identité culturelle,* Berg International, 2012 ; Roger Martelli, *L'Identité, c'est la guerre,* Les liens qui libèrent, 2016 ; Jean-François Bayart, *L'Illusion identitaire,* Fayard, 1996 ; Etienne Balibar et Immanuel Wallerstein, *Race, nation, classe : les identités ambigués,* La Decouverte, 1988 ; Amin Maalouf, *Les Identités meurtrières,* Grasset, 1998 ; Eric Dupin, *L'Hystérie identitaire,* Le Cherche-Midi, 2004 ; Laurence de Cock, Régis Meyran(2ds.), *Paniques identitiares, Identité(s) et idéologie(s) au prisme des sciences sociales,* Editions du Croquant, 2017.

어 표현되기 때문이다. 일상적 용법이 단어를 정의하는 데 장애가 될 때, 독자들과 심지어 전문가 사이에 수많은 오해가 발생한다. 그렇다고 용어의 부정확한 의미 때문에 다의성의 단어를 없앤다면, 신조어 남발로 인한 이해불가의 언어들이 만들어질 것이다. 뿐만 아니라 단어의 사용법이 틀리다는 이유로 연구 대상인 행위자가 사용하는 용어의 의미를 빼앗는 것과 같다. 또한 매우 좁은 의미에서 실증주의가 사회과학 분야의 축소를 초래해 모든 표상 사회학을 금지하는 것과 같다. 이것은 연구 대상의 용어가 다른 용어를 배제하는 최악의 접근 방법이다.

우리는 정체성의 단어가 가진 모호성, 내포 connotation, 투사projection의 의미에 봉착했다. 이 책에서 우리는 잘못 통용되어 사용할 수 없게 된 개념을 웅덩이에 내던지는 것이 아니라 사회학을 수단 삼아 정체성이 무엇과 관련되는지 성찰하려고 한다. 뒤르켐의 지적대로, 우리가 세상에 행위 하지 않는 것을 사회학이 허락하지 않는다면 "사회학이 우리에게 잠깐의 고통을 요구"하겠지만 적어도 우리는 그것을 이해할 수 있지 않을까?

우리의 야심 찬 시도는, 우리가 이쪽저쪽 입장, 즉 특정 입장을 취하지 않고서도 포화 상태의 정치적 논쟁을 명료화하는 데 있다. 1세기 전 막스 베버 Max Weber는 행위자의 관점에서 논리적 분석을 할 수 있도록 가치 판단을 중지하는 수단을 마련해 두었다. 바로 사회학적 특권으로서의 '가치중립' 명제가 그것이다. 가치중립성은 담론의 가능성과 의견 개진이 목적이 아닌 지식 전달의 목적에서 담론의 실리를 이해하는 자기 신념에 가득 찬 행위자에게 받아들여지기 어렵다. 하지만 중립성 획득을 불가능하게 하는 더 큰 장애는 정치적 관점 옹호에 급급한 몇몇 사회학자들의 논쟁이다. 우리는 이 책이 논쟁의 상황에[2] 빠지지 않고 논의의 대상을 성찰할 수 있도록 상식적인 독자에게 도움을 줄 수 있기를 바란다. '우' 아니면 '좌'로 읽는 단순한 프

---

2    이 점에 대해서 아래의 책을 참고할 것. N. Heinich, *Des Valeurs, Une approche sociologique*, Gallimard, 2017, "Misères de la sociologie critique", *Le Débat*, n 197, novembre-décembre 2017.

레임 속에 모든 질문을 희석시키는 편협한 경향은 공적 논의의 심각한 빈약성을 초래한다. 잘못된 논의는 성찰할 수 있는 능력을 가진 사람들을 체념하게 만든다.

이 책은 전문가만이 아닌 정체성에 대해 말하거나 이것을 들어본 적이 있는 사람, '우'의 단어인지 판단하려는 비평가, 이 단어에서 무엇을 이해해야 할지 궁금해하는 모든 사람들에게 바쳐진다. 정체성의 단어가 무엇을 의미하기는 하는 걸까? 그렇다면 과연 무엇을 뜻하는 걸까? 우리가 기존에 획득한 고정관념에서 조금 탈피하면 비교적 쉽게 이 질문에 대답할 수 있을 것이다. 우리는 정체성이 무엇인지 설명하기보다 무엇이 정체성이 아닌지에 대한 논의로 이어갈 것이다.

# 1장 정체성은 우의 개념이 아니다
## (그것은 좌의 개념도 아니다)

# 1장  정체성은 우의 개념이 아니다 (그것은 좌의 개념도 아니다)

정체성의 문제 제기는 2차 세계대전 이후 미국 학계에서 대두되었다. 그것은 심리학 분야에서 정체성 위기[1]를 연구한 정신분석학자 에릭 에릭슨Erik H. Erikson과 정신의학자 로널드 랭Ronald D. Laing[2], 인류학 분야에서 개인과 집단의 정체성[3]을 연구한 조

---

1    Cf. E. H. Erikson; "Ego Development and Historical Change", in *Psychoanalytical Study of the Child*, II, 1946, "Identity, psychosocial", *International Encyclopedia of the Social Sciences*, 1968. 에릭슨 이론에 관한 분석과 참고 문헌은 다음의 책에 소개되어 있다. cf. David J. De Levita, *The Concept of Identity*, Mouton, 1965.

2    Cf. R. D. Laing, Le Moi divisé [1959], Stock, 1970 ; *Soi et les autres* [1961], Gallimard, 1971. ([ ] 속 날짜는 최초 출판일)

3    Cf. G. H. Mead, *L'Esprit, le soi et la société* [1934], PUF, 1963 ; Ralph Linton, *Le Fondement culturel de la personnalité* [1945], Dunod, 1986. 프로이트Freud를 비롯한 빈학파의 정신분석학자들과 미국 문화인류학자들이 '두 학파의 사상'을

지 미드George H. Mead와 랄프 린톤Ralph Linton, 마지
막으로 상징적 상호관계론의[4] 사회학 연구에서 나
타났다. 프랑스 사회과학계는 1970년대 말 레비스
트로스Claude Lévi-Strauss[5]에 의해 인류학에서 정체
성의 주제를 다루기 시작했다. 1980년대에 이르러
프랑스 정체성l'identité de la France을 연구한 페르낭
브로델Fernand Braudel[6], 사회심리학적 개인성을 탐

---

접목해서 정체성 개념을 만들게 되었다, cf, V. Descombes, *Les
Embrras de l'identité, op, cit.*, p. 28-29.

4    Cf, Anselm L., Strauss, *Miroirs et masques. Une
introduction à l'interationnisme* [1959], Métaillé, 1992 ; Howard
S. Becker, *Outsiders* [1963], Métaillé, 1989; Erving Goffman,
"Identity Kit" in Mary Ellen Roach, Joanne Bubolz Eicher
(eds.), *Dress, Adornment, and the Social Order*, John Wiley and
Sons, 1965. Cf: également le chapitre sur "rôle" et "identité"
dans Peter L., Berger et Thomas Luckmann, *La Construction
sociale de la réalité* [1966], Méridien-Kincksieck, 1986. 뱅상
데콩브Vincent Descombes는 1960년대 어빙 고프만Erving
Goffman의 스티그마(Stigma)에서 "정체성"의 단어가
"자아(self)"의 단어를 대체하게 되었다고 지적한다(*Les embarras
de l'identité, op. cit.*, p. 37).

5    Cf. Lévi-Strauss (éd), *Identité individuelle* [1977], PUF, 1983
    ; Guy Michaud (éd), *Identités collectives et relations inter-
    culturelles,* Complexe, 1978.

6    Cf. F. Braudel, *L'Identité de la France,* Arthaud-
Flammarion, 1986.

구한 피에르 탑Pierre Tap7, 정체성의 감정을 연구한 니콜 베리Nicole Berry8, 정체성 위기의 미카엘 폴락 Michael Pollak9, 여성 정체성에 관한 필자의 연구들이 10 역사학, 정신분석학, 사회심리학, 사회학 분야에 등장하였다. 프랑스 철학 분야에서도 폴 리쾨르Paul Ricoeur와 그와 다른 방법론의 클레망 로세Clément Rosset가 정체성에 대해 주목하기 시작했다.11 2000 년대부터 '정체성'의 단어는 (레비스트로스가 지적했 듯이) 프랑스 인문사회과학의 모든 분야를 관통하 는 공통의 일반 주제가 되었다.

---

7    Cf. P. Tap (éd), *Identité individuelle et personnalisation,* Privat, 1980. Cf.  Carmel Camilleri *et alii, Stratégies identitiares,* PUF, 1990.

8    Cf. N. Berry, *Le Sentiment d'identité,* Editions universitaires, 1987.

9    Cf. M. Pollak, *Vienne 1900. Une identité blessée,* Gallimard Julliard, 1984 ; *L'Expérience concentrationnaire,* Métailié, 1990 ; *Une identité blessée. Etudes de sociologie et d'histoire,* Métailié, 1993.

10   Cf. N. Heinich, *Etats de femme, L'identité féminine dans la fiction occidentale,* Gallimard, 1996.

11   Cf. P. Ricoeur, *Soi-même comme un autre,* Seuil, 1990 ; Cl. Rosset, *Loin de moi, Etudes sur l'identité*, Minuit, 1999.

이 단어가 일상적 용어가 되고[12] 전대미문의 현상으로서 우파적 색체가 가미되어 정치적 영역에 안착하기까지(첫머리에서 언급한 연구자들에 의해) 10여 년의 세월이 걸렸다. 2007년 니콜라 사르코지 Nicolas Sarkozy는 '국가 정체성identité nationale'을 선거의 핵심 이슈로 삼았고 '국가 정체성 부처'를 창건했다.[13] '정체성'의 단어가 극좌파에서 사용하는 반동주의의 동의어가 되는 시점이었다.[14]

1980년대 정체성의 정치적 용법이 미국 좌파에서 등장했을 때 그것은 인종 차별과 성차별 반대의 소수자 수호 운동에서 시작되었다. 프랑스의 경우 이 용어의 정치적 용법은 1970년대 사회당이 권력을 잡으면서 태동했으나, 1981년 '미국 팝송과 영화에 잠식되는 프랑스 문화 식민주의'를 규탄하는 영화인들과 비평가들이 '국가 정체성 위원회'를 창

---

12  Cf. Jean-Claude Kaufmann, *L'Invention de soi. Une théorie de l'identité*, Armand Colin, 2004, p. 9.
13  Cf. Gérard Noiriel, *A quoi sert 'l'identité nationale'?*, Agone, 2007.
14  Cf. L. De Cock, R. Meyran (éds.), *Paniques identitiares, op. cit.*

립함으로써 본격화되었다.[15]

좌에서 우로 변화하는 가치의 정치적 용법은 역사성과 관련된다. 본디 혁명 문화에서 강조된 '국가'와 '애국'의 가치, 프랑스 혁명 이후 귀족 특권에 대항하여 부르주아에 의해 요구된 '명예'와 '노동'의 가치, 임금 착취에 대항한 프롤레타리아의 '권리'와 '노동'의 가치, 존재의 질서 보장 이전에 시민 평등권의 수호로서 '법과 권리'의 가치, 최근 우파에 의해 균열되고 오늘날 좌에 의해 독점된 '정교분리laïcité'의 가치, 가장 최근에는 '정체성'의 가치 등이 그러하다.[16]

그렇다면 어떻게 가치가 변화를 이끌 수 있었을까? 그것은 해당 공동체의 변화와 관련된다. 정체성에 대한 요구가 소수자, 소외층, 하류 계층(흑

---

15  Cf. Vincent Martigny, *Dire la France. Cultures et identités nationales 1981-1995*, Presses de Sciences-Po, 2016.

16  좌에서 우의 정치적 경향으로 이동하는 애국, 국가, 정교분리laïcité의 가치는 파트릭 카바넬Patrick Cabanel에 의해 지적되었다(Conférence sur la laïcité à l'Arbre vagabond, Cheyne, 2016). 귀족계급의 대표적 가치로 여겨진 성적 자유는 좌의 가치로 변모했다(cf. N. Heinich, "Cher marquis", in Cartriona Seth éd, *Lettres à Sade*, Thierry Marchaisse, 2014).

인, 여자, 동성애자)에서 기인했던 만큼 1990년대 일
반적으로 이해된 용어의 의미에서 정체성은 '소수
자'의[17] 시민권과 '인정'을 위한 투쟁에서 나타난
좌의 것이었다.[18] 그런데 '정체성'이 다수 집단을
두둔하고 해당 집단이 전체 공동체(전체 '사회', 공화
주의, 프랑스 국가, 기독교 세계)[19]보다 상위 집단으로
간주되면서부터 정체성은 일부 좌파에 의해 일부
우파나 극우파에서 사용되는 용어와 마찬가지로
'지배'의 의미로 낙인 찍혔다.[20]

---

17   Cf. V. Descombes, *Les Embarras de l'identité, op. cit.,* p.
37.
18   Cf. Axel Honneth, *La Lutte pour la reconnaissance* [1992],
Cerf, 2000 ; Jean Michel Chaumont, *La Concurrence des
victimes, Génocide, identité, reconnaissance,* La Découverte,
1997 ; Nancy Fraser, *Qu'est ce que la justice sociale?
Reconnaissance et redistribution* [2003], La Découverte, 2005 ;
P. Ricoeur, *Parcours de la reconnaissance,* Stock, 2004.
19   정치학자 올리비에 로이Olivier Roy는 가톨릭 가치의
세속화sécularisation로 인한 정체성의 부상을 설명했다. cf. O.
Roy, *Rethinking the Place of Religion in European Seculariwed
Societies ; The Need for more Open Societies, In* "Religio West",
research project, Rober Schuman Centre for Advanced Studies,
European University Insititue, March 2016.
20   "몇 년 전부터 정체성의 단어는 공격받기 시작했다. 이 단어를

시민성에 대한 '공화주의' 개념과 '차이주의 differencialiste' 개념은 우와 좌의 대립을 배가시키고, 가끔 혼합되어 쓰이면서 정치 지형의 판도를 바꾸며, '정체성' 이데올로기에 대한 합의적 해석을 가로막았다. 시민성의 개념은 좌와 극좌의 명백한 정치적 차이(예를 들어, 이민자 '정체성'과 출신 '문화'와 관련하여 '동화'가 아닌 '다양성'과 '통합'을 주장했을 때)와, 우와 극우의 정치적 민감성(국민전선Front national에 의해 용어가 채택되고 정교분리laïcité21가 주장되었을 때)에서 일어났고, 좌파로서 살아가지만 우파로서 인식하는 사람들(10여 년 전부터 자신을 좌의 유권자로 인식하는 프랑스의 수많은 공화주의자들)의 정치적 주장에서 분리되었다.

따라서 '우'와 '좌'의 구분 인자로서 정체성 질

---

사용하는 사람이면 누구든 즉각 '존재적 자성'의 입장이 되고, '타자'에 대한 공포 아니면 증오를 가지며, '산패된' 이데올로기 프레임이나 최악의 경우 '역사의 가장 어두운 시대'의 산물인 '혐오' 이데올로기 프레임 속에 놓이게 된다." André Perrin, *Scènes de la vie intellectuelle en France,* Editions de l'Artilleur, 2016, p. 36.
21  '원시주의'에서 영향을 받고, 극좌에서 극우의 정치성으로 변하는 정체성 의미 cf. Jean-Loup Amselle, *Les Nouveaux rouges Bruns. Le racisme qui vient,* Lignes, 2014.

문을 다루는 것은 불가능하다. 모든 것은 정체성이 작동하는 맥락, 특히 옹호되는 해당 공동체에 좌우되기 때문이다. 더욱이 정체성 질문을 정치 영역에 축소하는 경향은 정체성 논의의 쟁점이 무엇인지 알 수 없도록 하고, 축소주의에 따른 성찰의 기회를 막아버린다. 무엇보다도 이 방식이 유해한 이유는 정체성 질문이 제기하는 과학적 차원을 파괴하고, 마치 우리가 시력을 잃어버리듯, 우리를 무지의 상태로 만들어버리는 데 있다. 정체성 개념을 정치적 영역에 축소하는 데 친숙한 미디어의 영향이 강화될수록 지성의 반비례 정도는 강화된다.

우-좌, 좌-우, 좌-우, 우-좌. 모든 상황을 정치적 영역에 축소하는 경향은 모든 것을 쓸어버리는 편협한 사고라고 할 수 있다. 상식의 체계가 행위자에게 매혹적인 이유는 그것이 행위자들에게 친숙한 형태로 스며들기 때문이다. 그러나 이것이 지식을 생산하고 전달하는 데 엄격해야 할 지식인들에게서 발생될 때, 그들이 만족하고 심지어 그것 자체를 인식하지 못한다는 점은 수긍하기 어렵다. '부르주아 과학'이나 '프롤레타리아 과학'에 속해 과학적 결과물을 평가하는 것이 정상적이라고 생각되던 그리 오래 되지 않았던 시대가 오늘날 가져다준 연구 위상의 퇴보라고 할 수 있다.

# 2장 객관적 사실도 환상도 아닌 정체성

# 2장 객관적 사실도 환상도 아닌 정체성

　최근 정치 분야에서 '프랑스 정체성'이 대두하면서 정체성의 개념이 자연스럽게 국가 정체성이라는 특정 개념 속에서 사용되고 있다. 하지만 정체성의 개념은 본질에 대한 이론적 논쟁을 끊임없이 야기한다. 그것은 정체성 개념이 우리의 생각과 달리 전통적, 본질적, 형이상학적 입장에 근거하지 않고[1] 객관적, 비시간적, 초월적이라는 존재론적 관점과 근대적, 구성주의, 비판주의에 입각한 역사적 구성이라는 관점, 다시 말해 존재 자체가 환상이라는 주장의 대립 때문이다. 우리는 '우파적' 국가 정체성 개념이 어떻게 전자의 의미에서 성립하고, '좌

---

1　정체성의 실체론과 관련해서 Cf. Ioana Vultur, *Comprendre, L'herméneutique et les sciences humanies,* Gallimard Folio, 2017, p. 81.

파의' 비판이 어떻게 후자에 근거하는지 알고 있다. 하지만 두 입장 모두 잘못되었다는 점은 잘 모를 것이다.

논쟁을 야기하는 첫 번째 잘못된 관점은 형이상학의 계승과 오귀스트 콩트Auguste Comte에 의한 인식의 3단계(교리학, 형이상학, 실증주의) 이론에서 기인한다. 두 번째 잘못된 관점은 오늘날 '프랑스 이론'에 큰 환상을 가진 영미 대학들과 프랑스 대학이 조장하고 미국 대학에서 유행하고 있는 포스트모더니즘의 과잉 때문이다. 우리는 두 관점 모두가 똑같이 부정확하고 무의미하다는 것을 알게 될 것이다. 첫 번째 관점부터 살펴보자.

포스트모더니즘에서조차 동조하는 근대 정체성의 실체론 비판('본질주의에 대한 환상')은[2] 일리 있는 세 가지 사실에서 비롯되었다. 첫째, 모든 정체성이 변하는 시간성의 개념이다.[3] 시간성의 영역은

---

2    본질주의에 대한 환상은 내재적으로 요동치고 변화하며 확산하는 무언가를 고정시키고 응고시킨다(P.-A. Taguieff, "Être français", art, cit).
3    스테판 페레Stéphane Ferret는 "같은 강물에 두 번 몸을

'역사적 실체'[4]인 국가를 '변하지 않는 실체'로서 인식하는 것을 금지한다. "정체성은 변화하고 변화의 가능성이 있다. (…) 정체성의 단어에 의미가 있다면 그것은 역동성일 뿐이다."라고 인구통계학자 에르베 르 브라Hervé Le Bras[5]는 지적한다. 전문가들의 연구 또한 국가 정체성을 정의하는 데 역사적 가변성을 강조하며 본질주의 개념의 짙은 패색을 폭로한다.[6] 사회학자 노베르트 엘리아스Norbert Elias는 "정체성이 단계를 밟는 변화의 연속성도 아니며 실

---

담글 수 없다는 헤라클리투스의 유명한 말을 인용하며 많은 철학자에게 정체성이 환상이나 단순한 허구로서 이해된다."고 지적한다. Ferret(S. Ferret [éd.], *L'identité*, GF-Flammarion, 1998, p.17) (*ibid.*, p. 23-26). 페레는 우리가 수온의 변화와 자연의 변화를 구별할 수 있을 때 정체성과 변화성이 서로 논리적으로 배타적이지 않다는 점을 알게 된다고 주장한다.

4 V. Descombes, *Les Embarras de l'identité, op. cit.,* p. 174.

5 H. Le Bras, *Malaise dans l'identité, op. cit.,* p. 94.

6 Cf. Anne-Marie Thiesse, *La Création des identités nationales ; Europe-XVIII^e-XX^e siècle,* Seuil, 2001 ; Patrick Weil, *Liberté, égalité, discriminations ; l'identité nationale au regard de l'histoire,* Grasset, 2008. 정체성의 본질주의가 인식의 장애가 된다는 점에 관해 cf. Didier Demazière, Claude Dubar, *Analyser les entretiens biographiques. L'exemple de récits d'insertion,* Nathan, 1997, p. 302-303.

체의 정체성도 아니다."[7]라고 주장했다. 그에 따르면 정체성은 시간과 같은 과정적 영역에서 고려되어야 하는데 이것은 몇몇 이론가들에 의해 '삶의 여정'이나 '경력'의 개념에서 분석되기도 했다.[8]

노베르트 엘리아스는 정체성을 "기억의 연속성"이라고 규정하고, 내러티브 영역에 주목한다. 이것이 바로 정체성이 실제 현실에 근거한다는 실체론 개념을 비판하는 두 번째 근거이다. 내러티브는 상태가 아닌 과정이고 원사실fait brut이 아닌 서사récit이다. 시간성에는 어떤 방식이든지 재구성의 편집 상태가 개입한다. 재구성의 역할은 철학자 폴 리쾨르Paul Ricoeur의 '서사',[9] 사회학자 앤소니 기든스Anthony Giddens의 '재귀성',[10] 철학자 롬 아레Rome Harré의 '언어 놀이'와 같은 개념에서 잘 설명되고

---

7    N. Elias, *Du temps* [1984], Fayard, 1996, p. 53, note I.
8    Cf. A. L. Strauss, *Miroirs et masques, op, cit* ; H. S. Becker, *Outsiders, op. cit.*
9    Cf. P. Ricoeur, *Temps et récit*, Seuil, 1984.
10    Cf. A. Giddens, *Modernity and Self-Identity. Self and Society in the Late Modern Age*, Polity Press, 1991, 기든스Giddens는 정체성의 구성적 요소인 전기적 연속성에서 '자아 정체성'과 '재귀적 해석'을 구별한다.

있다.[11]

정체성이 실제 현실이라는 순진한 믿음을 무너뜨리는 마지막 비판 근거는 다양성의 개념이다. '국가 정체성'에 대한 다양한[12] 관점이 강조되면서 정체성의 불안정성과 취약성은 드러났다. 그래서 르 브라는 "지속적인 정체성의 퇴화, 조립 인형 맞추기, 수학적 언어의 프랙털 이론"을 언급했다.[13] 고프만Eving Goffman의 유명한 메타포 '아빠의 수염(Barbe a papa)' 역시 정체성의 변화를 설명하기 위해 사용되었다. 고프만은 개인 정체성을 "마치 아빠의 수염이 휘감겨 자라듯, 새로운 전기적 정보가 끊임없이 더해져 끈적한 물질이 되듯, 유일하고 끊임없는 사회적 사실의 기록"이라고 정의한다.[14] 이렇듯 시간, 서사, 다양성에 지배되는 정체성은 원사

11  Cf. R. Harré, "Language Games and the Texts of Identity", in John Shotter and Kenneth J. Gergen (eds,), *Texts of Identity*, 1989, Sage, 1994.

12  Cf. Alex Mucchielli, *L'identité,* PUF "Que Sais-je?", 1986, p. 7.

13  H. Le Bras, *Malaise dans l'identité, op. cit.,* p. 57.

14  E. Goffman, *Stigmate* [1963], Minuit, 1975, p. 74.

실이 아니며 사람들의 생각에 존재하는 현실이 아니다.

그렇다면 우리는 부르디외Bourdieu의 주장15처럼 정체성을 '환상'이라고 결론지어야 할까? 환상이라고 여긴다면 우리는 활개 치는 구성주의와 순진한 후기 구조주의 함정에 빠지는 꼴이 될 것이다. 우리에게 원사실과 환상 사이의 선택, 자기생산과 자기각인의 선택 이외 아무 대안이 없기 때문이다. 여하튼 국가의 역사이든 서사, 재귀성, 재구성에 의해 만들어진 개인의 전기이든, 그것의 근거가 가짜이거나 심지어 거짓 '환상'이라고 말할 수 없음은 분명하다.16 철학자 피에르-안드레 타귀프Pierre-André Taguieff는 정체성의 토대가 원사실이 아닌 점에서 실체의 부재를 결론하는 추론의 결함을 지적했다.

---

15   Cf. P. Bourdieu, "L'illusion biographique", *Actes de la recherche en sciences sociales*, n 62-63, juin, 1986.
16   Cf. N. Heinich, "Pour en finir avec "l'illusion" biographique", L'Homme, n° 195-196, juillet-décembre 2010(*Sortir des camps, sortir du silence*, Les Impressions nouvelles, 2011).

우리는 최근 마르셀 고쉐Marcel Gauchet가 역설적으로 '비실존주의'라고 명명하는 이데올로기적 행위를 알고 있다. 일반적으로 공동체 정체성이 '본질주의' 환상으로 인식되는 방식은 일소되어야 한다. 따라서 국가, 문화, 인종, 문명 등에 대해, 유해할 수 있는 가상의 존재 방식에 의문할 이유가 없다. 그 점에 충족될 만한 사회심리적 요구에도 주목할 필요가 없다. 이러한 가상들로부터 임의적 구성, 불안정하게 생산되는 지속적인 '혼혈', 끊임없는 '혼종'이 실제 존재하게 된다. 역사가들은 '창조'나 '발견'의 유일 관점에서 존재를 탐구한다. 하지만 창조, 역사적 발견, 국가 정체성은 우연에서 간파되지 않는다. 그들의 인식 방식 자체가 위험한 환상임을 알아야 한다. 역사가들의 관점은 1970년대부터 서양 지식인들이 그들이 선호하지 않거나 그들의 정신적 풍

경[17]이 아닌 대상을 착실하게 제거시켜온 흔적
일 뿐이다.

존재가 역사와 사회의 '구성'이라는 증명은 성
찰하고 알려지는 과정 동안 발견의 수준에서 상식
수준으로 떨어진다. '우화'나 '신화'에 가장 적절한
'구성'은 허위와 인위의 의미에서 '만들어진'의 동
의어가 된다. 그런데 만들어진 신화에서 무엇이 남
게 될까? 아무것도 없다. 비판적 구성주의의 결론
은 실제 존재가 없고, 진실성authenticité도 없다는 것
이다. 이 말은 우리가 원하는 대로 할 수 있고, 무언
가를 변형할 수도 있으며, 제거할 수도 있고, 마음
대로 바꿀 수 있다는 것이다. 여기서 논쟁의 두 번
째 관점, 비평적 구성주의를 비판하게 된다. 구성주
의는 논리의 모순을 제거할 의도에서 정체성 개념
을 시간, 서사, 다양성을 강조하는 오늘날의 지배

---

17   P.-A. Taguieff, "Être français", art, cit. "정신적 풍경paysage
mental"이라는 표현은 "정체성의 허구와 복잡성을 지적하기 위해"
알리 벤마카우루프Ali Benmakhlouf에 의해 사용되었다(*L'Identité.
Une fable philosophique*, PUF, 2011).

'담론' 속에 밀어 넣었다.

국가 정체성은 환상도 객관적 현실도 아니다. 국가 정체성이 가변적이고 어떠한 견고성도 없이 단순한 환상으로 구성되었기 때문이 아니다. 그것은 정신적 표상, 마치 가치가 그러하듯(가치화의 대상인 한 국가는 그 자체로 가치가 된다), 넓게 공유된 표상이다.[18] 다시 말해, 국가 정체성은 인지적 차원과 규범적 차원의 의미 이상으로서[19] 개인이 무엇이고 무엇이어야 하는지 또는 국가가 무엇인지 또는 무엇이어야 하는지에 대한 표상이다.

표상에 관한 관점이 발전하고 불균등하게 공유되더라도 표상은 설명되고 분석할 수 있는 객관적 특성에서 구조화된다. '특별한 구조화 없이 개별성을 압축하는 언어의 편의성'[20]을 알지 못하는 이들조차 적어도 일관성 있는 반복적 특징이 국가 정

---

18  국가 정체성의 표상에 대해 cf. Benedict Anderson, *L'imaginaire national. Réflexions sur l'origine et l'essor du nationalisme* [1983], La Découverte, 1996.

19  Cf. Dominique Schnapper, *La Communauté des citoyens. Sur l'dée moderne de nation*, Gallimard, 1994.

20  H. Le Bras, *Malaise dans l'identité, op. cit.,* p. 15.

체성 개념에 들어 있음을 인지한다. 정체성의 특징은 마을 광장에서 벌어지는 페탕크pétanque 게임이나 유네스코UNESCO 무형 문화제에 등록된 '프랑스인의 식사'와 같이 일상적 실천에서 나타난다. 정체성의 특징은 언어 행위에서 가장 먼저 구현되기에 "프랑스어 교육의 일반화를 위한 쥘 페리Jules-Ferry 법과 1차 세계대전 동안 다양하게 구성된 인구 분포에 따라 프랑스어는 모든 프랑스인의 언어가 되었다."21 역사가 피에르 노라Pierre Nora는 정부, 언어, 역사의식, 문화유산, 집단기억 등 국가 정체성의 구성 요소가 매우 복잡하게 조합되어 계승됨을 지적한다.22 따라서 '국가 정체성'의 개념(역사가에게 이 개념은 기피하거나 족집게로 짚어내듯 정확하게 사용해야 하는 '신성적이거나 악마적인' 표현이다)은23 단순히 관련자의 기억에서 도구화되거나 민족주의 경향에 축소되어 다루어질 수 없는 연구 대상인 것

---

21  *Ibid.,* p. 61.

22  Cf. P. Nora, "Les avatars de l'identité française", Le Débat, n° 159, mars-avril 2010.

23  *Ibid.,* p. 5.

이다.[24]

　국가 정체성은 본질주의와 상관없고 우리는 국가 정체성을 부정할 수도 없다. 그러나 국가 정체성은 존재와 행위에 대한 영구적이거나 임의적인 본질에 기반 하지 않고, 공동체 표상으로서 분석되어야 한다. 국가 정체성은 역사적으로 구성되고, 맥락이 있고, 이상적이다. 그것은 수많은 지지자, 다양한 구성 요소, 구성원의 애착, 특히 제도에 의해 생산되는 구체적이고 경우에 따라 확실한 결과이다. 국가는 상징과 표상에 의해 유지되고, 권력에 근간하고, 제도의 변형된 표상이다. 이 점에서 국가의 구성 요소가 무엇이든 다양하고 불평등한 가치일지라도 개인의 '정체성'이 될 수 있도록 강제하고 세상에 작동한다. 국가는 공유된 표상으로서 말, 행동, 결속력을 결정하지만 객관적 현실로 이해될 필요는 없다.

　『국가란 무엇인가Qu'est-ce qu'une nation?』에서 르

---

24　*Ibid.*, p. 18-19.

낭Renan은 '국민투표의 일상화'를 검토했다.[25] 그는 국가가 무엇이며, 무엇이어야 하는지에 대해 피력하면서 국가 정체성이 분명한 구성물이지만 환상이 아닌 무엇이라고 말한다. 국가에 정신적 표상, 수많은 지지가 중요하다고 믿는다면, 국가 정체성은 역사적 구성물임이 확실하다. 그러나 국가 정체성은 국기나 애국가에 의해 상징되고, 행정 행위와 물리적 경계에 의해 표시되고, 사람들을 말하게 하거나 행위 하게 하고, 전쟁조차 일으키는 감정 투영의 대상이다. 이러한 현실이 실재하지 않고 허위이고 취약할까? 주체가 겪는 가장 심각한 정체성의 문제가 자기 이름과 서명 제도에서 발생한다는 점을 우리는 부정할 수 없다. 언어학자 베아트리스 프라엔켈Béatrice Fraenkel은 이것을 "몸과 손의 지배에서 자기 반복과 자기 영속성의 정체성 체제를 증명하는 것이다"[26]라고 설명한다.

25 H. Le Bras(*Malaise dans l'identité, op. cit.*, p. 25), "국가는 설명의 사실 명령이 아니라 자발적인 참여 명령이다. 국가는 시민이 정부를 신임하는 신뢰의 감정이다"(*ibid.*, p. 15).
26 B. Fraenkel, *La Signature, Genèse d'un signe,* Gallimard,

마찬가지로 사회역사적 변인이 되는 성별은[27] 개인의 욕망이 무엇이든 말이나 서류를 변경한다 고 바뀔 수 있는 것이 아니다. 성별 결정은 심리적 현실에 해당할 뿐만 아니라 뿌리 깊이 박힌 상징적, 법률적 체제에 중대한 반향을 줄 수 있는 행정 절차, 미용 조작(외모 개발, 성형 개발), 때때로 육체적 변형과도 관련되어 있기 때문이다.[28]

우리는 여기서 정체성 개념에서 표상을 부정함 으로써 발생하는 이항 개념의 지적 폐해를 알게 된 다. 이항 개념에서는 원사실/환상, 주어진 조건/가 공의 사실, 자연적 사실/인위적 사실, 필요/우연만 이 존재한다. 쉽게 말해 그것은 사회적 현실, 제도, 과정, 기억의 흔적, 열망, 정신의 이미지, 말, 카테 고리의 중요성을 부정한다. 요컨대, 그것은 세상과 공유하며 살아가는 인간 존재의 특성을 무시하는

2012.
27   Cf. Elisabeth Badinter, *XY, De l'identité masculine* [1992], Livre de poche, 1994.
28   Cf. Pierre Legendre, *Sur la question dogmatique en Occident,* Fayard, 1999 ; Jean-Pierre Lebrun, *un monde sans limites, Essai pour une psychanalyse du social,* Erès, 1997.

개념이다.

　인간 과학은 실증주의 개념과 달리 현실 세계
뿐만 아니라 어느 정도 인식할 수 있는 다른 중요
한 두 영역에 관심을 가진다. 표상과 허구가 지배하
는 상상의 영역과 의미와 해석이 지배하는 상징의
영역이다. 위 세 영역(경험적 상황의 현실, 논증과 아이
콘 형태의 상상, 의미 생산의 상징)은 하나로 결합할 수
없는데, 왜냐하면 각 영역은 각각의 필요와 고유한
응집력을 갖고 있기 때문이다.

　그런데 현실과 환상의 대체로서 세계의 축소가
일어나듯, 정체성 이해에  또 다른 해로운 축소가
있다. 정치적 우파 성향에 연관된 국가 정체성이다.
우리가 다음 장에서 살펴보게 되겠지만, 정체성은
현실과 환상에 축소될 수 없듯이 좌와 우의 정치적
입장과 국가에 축소될 수 없는 개념이다.

# 3장 정체성은 국가 정체성에
# 한정되지 않는다

# 3장 정체성은 국가 정체성에 한정되지 않는다

앞서 보았던 정치적 논의에서 '정체성'의 단어가 한 국가의 '정신', '문화', 'DNA'를 포함하는 국가 정체성과 관련한다는 점은 두말할 나위가 없다. 하지만 국가 정체성은 정체성을 인식하는 여러 방식 중 하나일 뿐이다(다른 분야이지만 '가치'란 단어 역시 정신과 직접 연관되어 있으나 정신이 가치를 인식하는 수많은 방식 중 하나인 것과 마찬가지다).

사실, '국가 정체성'은 다른 두 의미에서 이해할 수 있다. 우리가 앞서 보았듯이 국가 정체성은 '국가'('프랑스 정체성') 공동체의 성질이자 특징임과 동시에 개인들이 자신이 속한 국가('프랑스에 대한 나의 정체성')의 표준에 스스로를 규정하는 방식이다. 그래서 어떤 경우 공동체의 정체성을, 다른 경우 개인의 정체성을 의미한다.

노베르트 엘리아스Norbert Elias는 개인 정체성과 관련하여 유럽 사회에 국가 감정(국가 구성원으로서 자기 정의)이 뒤늦게 출현한 이유를, 귀족 공동체에 최우선의 소속감을 느낀 귀족에게 국가 감정은 낯선 감정이었기 때문이라고 설명한다. 엘리아스는 '정부' 사회가 아닌 계급 사회가 민족주의 또는 다른 형태의 국가를 발전시키기 위해 필요했고, 그것이 민주화의 수준을 드러내는 역설적인 부분이었다고 지적한다.[1] 국가 감정은 왕자 신분의 개인이 아닌 정부라는 추상적 통일체에 감정적 애착을 동반한다. 오늘날 우리는 '최고권을 가진 군주'를 거쳐 '주권을 가진 국민'을 가진 상태에 이르게 되었다. 감정적 애착은 '이전 초자연적 존재와 결부된 신성성'[2]의 '초월'적 영역의 공동체 의식에 존재한다. 여기에 '위대한 세속적 신앙'의 위상이 있다.[3] 엘리아스는 '당신'에게 축소될 수 없지만 '우리'를 결합시키는 것이 '국가 사랑'이며, "그것은 '우리'

---

1 Cf. N. Elias, *Les Allemands*, Seuil, 2017, p. 190-191.

2 *Ibid.*, p. 194.

3 *Ibid.*, p. 204.

라고 명명할 수 있는 공동체에 대한 애정의 감정이며, 어떤 종류이든 일종의 자기 사랑이다"라고 설명한다.[4] 국가 사랑은 가치와도 밀접하게 연관되어 있다. 내가 '나는 프랑스인이다'라고 말을 하든, 다른 나라 국민이라고 말을 하든, 그것은 통상 "나와 우리가 특별한 사상과 가치 속에 무언가를 믿고 있다"고 말하는 것과 다름없다.[5] 이와 같은 측면에서 긍정적일 수 있는 애국주의의 부정적 의미처럼 민족주의nationalisme는 오늘날 획득한 부정적 의미 속에 제한될 수 없다. "수많은 경우 우리가 말하는 '민족주의'가 다른 사람에게는 그저 '애국주의'일 뿐이고, 우리가 말하는 '애국주의'가 그들에게는 '민족주의'[6]일 수 있다. 따라서 우리에게 '민족주의'란 단어가 필요하며, 그것은 "19-20세기 개인들의 결속을 형성한 최고통치권을 가진 공동체로서 가장 산업화된 정부 사회에 개인들을 연결하는 수단이자 가치의 결속 상태로서 감정, 신앙, 사상의 특

---

4    *Ibid.,* p. 201.
5    *Ibid.,* p. 202.
6    *Ibid.,* p. 203.

별한 유형"으로 설명되어야 한다.[7] 이와 같은 분석에서 우리는 국가 정체성의 감정이 개인 고유성의 근본 영역에서 개발될 수 있음을 이해할 수 있다. 그래서 국적을 바꾸는 결정은 쉽지 않고 오히려 상당히 어려운 것이다. "국적 변경이 개인성을 변화시키는 것보다 결코 쉬운 일이 아니며 어떤 것도 국적 변경의 성공을 보장할 수 없다. 그것은 여권 교체 이상의 의미가 있다."[8]

국가 정체성이 개인 정체성을 구성하는 기본 요소이지만 개인 정체성이 국가 정체성에 한정된다는 의미는 아니다. 개인 정체성은 공동체 소속에 따라 자아를 규정하는 다양한 기준과 경쟁적이다. 예컨대, 정체성 형성의 다양한 기준으로서 세대 정체성과 관련된 연령 집단('젊다', '늙다', '청소년', '50대' 등), 성적 정체성과 관련된 성별 집단(남자, 여자, 오늘날 몇몇 사람들이 포함시키고 있는 트랜스젠더까지), 신앙 정체성과 관련된 종교 집단(가톨릭, 기독교, 유

---

7    *Ibid.*
8    *Ibid.,* p. 469.

대인, 이슬람), 시민 정체성과 관련된 집단(기혼, 미혼, 이혼), 직업 정체성과 관련된 직업 집단(노동자, 관리자, 주부)이 있다.[9] 이러한 요소들은 사회학자나 통계학자가 설문조사를 위해 표준집단을 구성할 때 사회인구학적 기준을 규정하기 위해 사용하는 기본 지표이다.

이 지표에 부의 정도(부자, 빈자), 정치적 입장(사회주의자, 자유주의자), 교육 수준(고졸, 대졸, 대졸 이상), 여가 활동(등산가, 기타리스트), 특성(정직, 지성), 성적 취향(이성애자, 동성애자)[10] 등과 같이 한층 더 부정확하고, 변동적이고, 비형식적인 집단을 덧댈 수도 있다. 나이, 성별과 같은 가장 비공식적인 정체성의 표시는 형용사로 전이하여 제도적 집단을 형성하는 상황이나 실천 또는 선호를 뜻하는 명사로 나타날 수 있다. 예컨대, 우리는 '젊지' 않지만

---

9    Cf. C. Dubar, *La Socialisation, Construction des identités sociales et professionnelles*, Armand Colin, 1991.

10    사회학자 어빙 고프만Erving Goffman은 정직과 같은 '개인적 특성'과 직업과 같은 '구조적 상태'를 구분했다(E. Goffman, *Stigmate, op, cit.*, p.12).

개인성의 차이가 아닌 정체성을 정의하는 수단이
되는 카테고리에 묶여 '젊은이'가 된다.

정체성에 영향을 미치는 다양한 기준의 타당성
은 개인이 정의되어지는 맥락에서 결정된다. 예컨
대, 성별, 나이, 혼인 유무, 국적은 주민등록증에 표
시되고, 직업과 교육 수준은 여론 조사에 필수적이
다. 외국 여행 중 가족들과 저녁 식사를 하는 식당
에서 "나는 프랑스인입니다"라고 밝힐 경우는 없
을 것이다. 자기를 정의하는 다양한 방식의 핵심은
정체성의 질문이 발생하는 상황과 관련되어 있기
때문이다. 정체성의 질문은 매우 구체적인 상황에
서 제기된다. 신상 정보는 관련 상황에서 필요하고,
그렇지 않은 상황에서는 배경이나 잠재적 상태로
남아 있게 된다.[11]

---

11    Cf. Isabelle Taboada-Leonetti, "Stratégies identitaires et
minorités : le point de vue du sociologue", in C, Camilleri *et
alii, Stratégies identitaires, op. cit.*, 사회적 연결망에 따른 정체성
확대 양상에 관해, cf. Harrison C. White, *Identité et contrôle,
Une théorie de l'émergence des formations sociales* [1992],
Editions de l'EHESS, 2011, '활동적 지위'와 '잠재적 지위' 구별에
관해, cf, R, Linton, *Le Fondement culturel de la personnalité,
op. cit.*, 정체성의 다양성에 관해, cf, Bernard Lahire, *L'Homme*

    요약하면, 공동체의 정체성(국가, 종교, 마을, 지역 등[12])이든 개인 정체성이든, 정체성은 복잡한 입장과 다층적 측면에서 단일 요인이 아닌 복수 요인에 의해 구성된다. 정체성을 제대로 설명하려면 수많은 요소(나이, 성별, 직업)의 다양한 특성과 연관시켜야 하고, 집단의 크기(거의 모든 공동체에서 나이, 성별은 표준 항목이지만, 혼자 요트 타는 행위에 대한 정보는 소수 공동체에 필요하다), 공동체의 반영 정도(인생의 어느 한 순간 종교인이 되거나, 그렇지 않거나, 아예 경험하지 않을 수도 있다), 다양한 기준들이 구현되고(민족 구성원의 표시인 할례/존재 방식으로서의 아비투스), 객관화되고(혈통의 문장, 클럽의 배지, 개신교의 위그노 십자가), 제도화되는(시민으로서의 신분증, 주민등록증)[13] 형태 등을 모두 고려해야 한다.

---

*pluriel, Les ressorts de l'action*, Nathan, 1998.

12  뱅상 데콩브Vincent Descombes는 관광 안내서에 설명되어 있는 로마인의 정체성이 다른 시대에는 '성격', '개인성', '영혼'의 뜻을 가진 단어였다고 지적한다(cf. V. Descombes, *Les Embarras de l'identité, op. cit.,* p. 13). 리쾨르에게 '성격'은 "개인을 개인으로 인식하도록 구별하는 표시의 전체"이다(*Soi-même, comme un autre, op, cit.,* p. 144).

13  이 세 형태는 피에르 부르디외Pierre Bourdieu의 세 가지

정체성 구성의 전체에서 차지하는 국가 정체성(한 국가에 대한 정체성)은 국가 정체성(개인이 국가 공동체에 부여하는 하나의 개인 정체성) 외 다른 정체성의 요인에 의해 발생할 수 있다. **한 국가에 대한 정체성, 한 국가에 의한** 정체성, 이 두 개념은 중첩될 수 없지만 두말할 나위 없이 긴밀하게 연결되어 있다.

다양한 구성 요소를 제거하는 정체성의 개념은 하나의 추상적 존재(개인 정체성을 희생시키는 국가)에 개인의 정체성을 한정시키고 '우파'의 정치적 스펙트럼 속에 정체성을 축소하는 결과를 만듦으로써 정체성 개념의 복잡성을 제거하고 만다. 우리가 곧 살펴보게 되겠지만, 이것은 더러운 물이라고 판명된 욕조에 아이를 담가버리는 꼴로 인간 경험의 귀중한 분석 수단으로서 사용할 수 있는 다양한 정체성의 요소를 잃어버리는 것과 같다.

---

'문화 자본의 상태'—체득화, 객관화, 제도화—에서 가져왔다(cf. *La Distinction, Critique sociale du jugement,* Minuit, 1979).

# 4장 정체성은 유사성이나 차이에서 구성되지 않는다

# 4장 정체성은 유사성이나 차이에서 구성되지 않는다

에르베 르 브라Hervé Le Bras는 프랑스 정체성을
어떻게 정의할 수 있을지에 대해 질문했다. "프랑
스 정체성은 직접적으로 요구되지 않지만 차이의
확인에서 요구된다. 차이란 두 개념이 서로 비교되
고, 유사하지 않고, 분리하여 존재함을 전제한다.
프랑스 정체성이 존재하듯 미국 정체성이 있다."[1]
그런데 정체성identité을 '유사하지 않다고' 여기는
데 패러독스는 없을까? '인식하다identifier'의 라틴어
는 **"ipse"**이며 존재 자체를 의미한다. 하지만 '정체
성'의 단어에는 이것 외에 또 다른 의미가 있다. 두
개념이 동일하다(라틴어 **"idem"**)고 말할 때와 같이
'유사성'의 의미이다. 따라서 '존재 인식idenfication'

---

1    H. Le Bras, *Malaise dans l'identité, op. cit.,* p. 14.

은 중의적 의미를 띠는데, 신상 정보 과정에서 구별되는 개별성과 심리학과 정신분석학에서 이해되는 타인과의 유사성이다.

한 단어 속에 완전히 반대되는 두 의미(차이, 유사)를 가지는 정체성의 단어는 의미론과 존재론의 입장에서 엄청난 인식의 어려움을 일으킨다. 언어학자 에밀 벵베니스트Emile Benveniste는 '정체성'[2]의 어원 조사에서 이 점을 확인했고 베아트리스 프랭켈Béatrice Fraenkel은 그것을 서술했다.

정체성은 주체의 특성을 만들고 타인과 구별하는 데 사용한다. 정체성은 누군가를 '식별하다'는 의미에서 인식하다identifier의 동사를 사용한다. 그런데 "인식하다identifier"의 사전적 정의는 "다른 것과 비슷한 것으로서 또는 다른 것과 같은 것으로서 동일하게 여기다."이다. 그렇다면 정체성은 두 개가 서로 구별될 수 있게 하는 무엇이다.

---

2    Cf. E. Benveniste, "L'homme libre" in *Vocabulaire des institutions européennes,* Minuit, 1969.

여기서 단어의 의미론적 측면은 심각한 곤경에 처하게 된다. 왜냐하면 **idem(유사)**의 어원적 측면에서 정체성은 개인을 타인과 구별하고 동시에 타인과 유사해지는 것으로서 파악하기 때문이다.[3]

스콜라 전통은 이미 '수치적numérique' 정체성(타인이 아닌 자신이 되는 것)과 '자질적qualitative' 정체성(타인과 같은 자질을 가지는 것)을 구별했다.[4] 폴 리쾨르Paul Ricoeur도 '**차이**ipse 정체성'과 '**유사**idem 정체성'을 구별하고 전자는 '누구'에 대한 질문이고 후자는 '무엇'에 대한 질문이라고 설명했다.[5] 한나 아렌트Hannah Arendt 역시 정체성의 구별을 통해 그가 무엇인지("ce qu'il est")보다 누구인지("qui est" l'homme)를 우선해야 한다고 강조했다. '누구인지'

---

3    B. Fraenkel, *La Signature, op. cit.,* p. 197.

4    Cf. V. Descombes, *Les Embarras de l'identité, op, cit.,* p. 90. 아리스토텔레스Aristote는 이미 전체로서의 정체성과 다양성으로서의 정체성을 구별했다(cf. S. Ferret, *L'identité, op, cit.,* p. 45).

5    Cf. P. Ricoeur, *Soi-même, comme un autre, op. cit.*

가 아닌 '무엇'인지에 대한 관심의 이행은 그녀가 생
각하건대 사상의 '낭패'와 같은 것이었다.[6] 정체성
의 우월관계는 몇몇 사회심리학자들에 의해 **유사**
idem 정체성이 표준 집단의 근거가 되고, **차이**ipse 정
체성이 비가역성을 확인하는 방식에서 결정되었
다. 이러한 방식은 다수의 다양한 공동체에 소속되
어 있는 개인을 무시하고, '사람'의 개념을 우선으
로 한 정체성 구별을 강조하고, 상호 연결성을 등
한시하는 태도이다.[7] 그런데 우리가 곧 확인하게
되겠지만 이와 같은 규범적 입장은 잘못되었다. 왜
냐하면 차이와 유사의 정체성 정의에 각각의 타당

---

6  "그가 누구인지를 밝히려고 할 때, 우리가 사용하는 단어를
통해 우리는 그가 어떤 사람인지 알게 된다. 다른 사람과 공유하는
유사 자질과 '성격'을 나타내는 단어로 사람을 묘사함으로써 우리는
그 사람을 다른 사람과 혼동하거나 개별성을 앗아가 버린다. 이러한
오류는 그가 무엇인지 해석하고 결정하는 방식, 즉 인간이 다른
존재들과 공유할 수 있는 자질을 가진 존재로서 인간을 정의하는
철학의 방식과 밀접하게 관련되어 있다. 하지만 개별적 차이는 그가
누구인지에 의해 발견될 수 있다(H. Arendt, *Condition de l'homme
moderne* [1958], Calmann-Lévy, 1983, p. 238).
7  Cf. Fabio Lorenzi-Cioldi, *Individus dominants et
groupes dominés. Images masculines et féminines,* Presses
universitaires de Grenoble, 1988.

성이 있기 때문이다. 정체성은 '자기 자체로' 선한 것이 아니고 '유사한 것으로서' 나쁜 것도 아니다. 그 반대도 아니다. 정체성은 두 개이며 존재 정의에 모두 필요하다.

**차이**ipse 정체성, '어떻게 다른 사람이 아닐 수 있나'를 먼저 살펴보자. 엠마누엘 레비나Emmaneul Levinas는 공동체적 존재가 아닌 유일의 존재로서 구체적인 개인에 대해 설명하며 "주체의 양도할 수 없는 나만의 정체성"은 개별적 존재를 인식하게 하는 얼굴이라고 주장한다.[8] 얼굴은 존재의 개별성을 드러내는 특징일 뿐만 아니라 시적 감성에서 묘사되듯 '내면적 개인성의 지리적 위치', '그의 영혼'과 같은 내면을 보여주는 증표이다.[9] 리쾨르에게 이름은 '그 사람을 특징짓지 않고, 그 사람에게 절대적 의미를 부여하지 않으며, 그에 대한 어떤 정보

---

8    "대체할 수 없는 나, 나는 내가 책임질 수 있는 유일한 단위이다. 나는 모두를 대신할 수 있지만 어떤 누구도 나를 대신할 수 없다. 이것이 주체의 양도할 수 없는 정체성이다(E. Levinas, *Ethique et infini* [1982], Livre de poche, 1992, p. 97-98).

9    Cf. Georg Simmel, *Philosophie de l'amour,* Rivages, 1988, p. 141.

도 주지 않으면서, 중첩되지 않고 분할되지 않는 실체를 개별화'하는 기능이 있다.[10] 성명(이름)은 가족 구성원 간 개인의 독자성을 떠받치는 '이름'과 혈통을 통해 타인과 공유하는 공통의 특징을 개인 존재에 연결하는, 정체성의 유사성을 만드는, '성'으로 구분된다. 이름과 신체가 결합하여 만들어진 지문과 서명은 얼굴과 이름과 함께 강력한 법적 근거로서 탁월한 '정체성의 표시'가 된다.[11] 이로써 타인과 공유할 수 있는 특징이 무엇이든 모든 인간 주체는 '수치적 정체성' 또는 '**차이**ipse 정체성'에서 타인과 구별된다.[12]

차이 정체성은 '누구'가 아닌 '무엇'에서 정의될 수 있다. 이것은 존재가 무엇과 어떤 자질에서 구성되는지 드러낸다. 그런데 타인과 동일한 특징(예

---

10 P. Ricoeur, *Soi-même comme un autre, op. cit.,* p. 41. 분석 철학은 이름에 대한 또 다른 이론을 개발했다. cf. Pascal Engel, *Identité et référence, La théorie des noms propres de Frege et Kripke,* Presses de l'ENS, 1985.

11 Cf. B. Fraenkel, *La Signature, op, cit.,* p. 8.

12 개인 정체성에 대한 언어 분석 cf. Jean-Claude Pariente, *Le Langage et l'individuel,* Armand Colin, 1973.

컨대 프랑스 정체성)을 소유한 개인의 정체성은 무엇을 말하는가? 동일한 존재들로 구성된 집단 내부에서 무엇에 의해 다른 사람과 연결될 수 있고 무엇에서 타인들과 '유사idem'해질 수 있는가? 차이 정체성과 달리 유사 정체성은 다양한 징표와 동사, 형용사, 명사(고유 명사가 아닌)에서 드러날 수 있다. 정체성을 규정하는 명사는 수없이 많다. 예컨대, 프랑스인, 남자, 미혼, 엔지니어, 고등교육 출신자 등(같은 카테고리의 부류에서 타인과 다른 유일한 사람이 아닌 전체 인자로서의 개인)이 그렇다. 명사와 달리 동사는 개인에게 정체성을 부여하는 행위와 관련된다. 일하다, 가르치다, 놀다, 관리하다, 쓰다, 등이 그러하다.[13] 형용사는 어느 정도 타인들과 공유되고 개인에게 가치 판단의 기준이 되는 자질을 부여한다. '그는 매우 프랑스적이다', '그녀는 똑똑하다', '그는 잘 생겼다', '그녀는 매우 정통하다' 등이 예시가 될 수 있다.

---

13　Cf. N. Heinich, *Etre écrivain, Création et identité*, La Découverte, 2000.

정체성의 일부를 형성하는 이와 같은 특징은 피에르 부르디외Pierre Bourdieu가 설명하는, 사회 부류에 의해 계승되는 신체와 행위의 장치, 아비투스 habitus 개념에서 이해할 수 있다.[14] 고프만Goffman 에게 이러한 특징은 '개인 본성'[15]을 조직하는 '가입(참여)affiliation'에서 설명된다. 개인 본성의 구성은 공동체 애착에서 발생하는 불가피한 양면성에도 불구하고, 개인에게 구속이자 소속의 근거가 되는 '표준 집단'[16]과의 연결을 전제하고 있다.[17] 양면성은 뱅상 데콩브Vincent Descombes에게 공동체 소속이나 사회적 연대를 통해 자기 존엄성과 지위를 구

---

14   Cf. P. Bourdieu, *Esquisse d'une théorie de la pratique,* Droz, 1972.

15   "우리가 부여하는 개인의 본성은 가입(참여)의 성질에 따라 도출된다(E. Goffman, *Stigmate, op, cit.*, p. 135).

16   "표준 집단référence"의 개념은 미국의 심리학자 허버트 H. 하이먼Herbert H. Hyman에 의해 이론화되었고(The Psycholosy of Status, *Archives of Psychology,* 1942, n° 269), 사회학자 로버트 머튼Robert K. Merton에 의해 집단의 다양성 의미로 널리 알려졌다(cf. *Social Theory and Social Structure* [1949], Macmillan, 1968).

17   Cf. Vincent de Gaulejac, *La Névrose de classe,* Hommes et groupes éditeur, 1987, p. 26.

축할 때 '정체성'의 행위를 중지시키는 기능을 한다.[18]

이처럼 정체성에 대한 두 정의는(다른 사람과의 차이에 의한/표준 집단의 유사성에 의한) 논리적으로 모순인데, 왜냐하면 공동체('프랑스')이든 개인('프랑스인')이든 존재의 의미가 정의 속에서 구성되기 때문이다. 이 주제에 관해 우리는 독일 철학자 게오르크 짐멜Georg Simmel이 그의 에세이에서 분석하고 있는[19] 구별되거나 연결되려는 욕망의 이중적이고 모순적인 정의 방식('친애하는 부르디외'의 구별 논리와 '친애하는 타르드Tarde'의 모방 논리)을 재확인할 수 있다.

이 논리적 모순을 어떻게 해결할 수 있을까? 해결할 수 없다. 왜냐하면 모순은 논리적 영역에서만 모순일 뿐, 실제적으로 이 두 작용(구별되고/유사해지는)은 이것이 구현되는 맥락에서 완벽하게 조합되거나 채워지기 때문이다. 그런데 이 모순을 인

18    cf. V. Descombes, *Les Embarras de l'identité, op. cit.,* p. 14.

19    Cf. G. Simmel, "La mode" [1895], in *La Tragédie de la culture et autres essais,* Rivages, 1988.

정하려면 정체성의 형이상학적 개념, 즉 본질주의의 일원론, 존재가 일차원적이고 유일하고 경험적인 실체라는 점을 부정해야 한다. 정체성의 개념은 다양하고 맥락적이고 가변적인 조건에서 그것의 실제 용법을 밝힐 수 있고, **차이**ipse 정체성이 **유사**idem 정체성으로 바뀌고, 개인의 비대체성이 동질성으로 전환된다. 차이 정체성과 유사 정체성은 다양한 개인주의personnalisme 형태에서 촉발된 개인 정체성과 사회주의 형태에서 구현된 사회적 정체성을 경계하면서 균형적으로 분석되어야 한다.

물론, 존재론적 측면이 아닌 심리학적 측면에서 두 정체성에 대한 선호도에 의거해 개인이 선택하는 정체성의 논리를 확인할 수 있다. 사회심리학은 유사성과 방어 기제의 관계, 개별성과 나르시시즘의 관계를 통해 정체성 연구를 실행했다.[20] 정신분석은 개인이 '자신의 언어, 문화, 이름, 가족, 출신을 숨기고 또는 거부하는 방식에서 개인 정체성

---

20  Cf. Edmond-Marc Lipiansky, "Identité subjective et interaction", in C. Camilleri *et alii, Stratégies identitaires, op. cit.*

을 형성하는 사실'을 보여줬다. 하지만 이러한 접근 방법은 유익하지 않은데 왜냐하면 '가족도, 국가도, 종교도, 언어도 주체가 느끼는 정체성의 내적 감정을 결정하지 않기' 때문이다.[21]

차이 정체성과 유사 정체성의 이행 관계는 사회심리학이 강조하는 개인 '정체성 전략'의 공시적 접근이 아닌 사상사와 공동체적 표상의 통시적 접근에서 관찰할 수 있다. 이러한 접근 방법에 사회학, 사회역사, 철학이 기여했다. 사회학자 알랭 에랭베르Alain Ehrenberg는 20세기 정체성 작용의 변화를 설명하는 '수행 의식'을 탁월하게 분석했다.

성공신화에 대한 열광은 정체성의 지지대이면서 개인을 옭아매는 전통적 공동체와 무관하게 사회적 정체성을 형성하는 경향을 알려준다. 정체성은 단지 무엇인가를 계승하거나 공동체 전통에 자신을 가두는 것이 아니다. 그것은 개인적 수행에 의해 미래로 향하는 계획에서 만들어지는

---

21    N. Berry, *Le Sentiment d'identité, op. cit.,* p. 11.

무엇이다. (…) 기업가에 대한 영웅화는 공동체 가치의 퇴보를 가져온다. 사회적 출신 배경은 사회적 정체성을 형성하는 요소로서 충분하지 않다. 상속은 재산을 물려주는 까닭에 사회적 재생산의 확실한 발판이 되지만 그것이 지위이거나 가시적인 무언가는 아니다. 어떤 사람이 되기 위해서는, 개인 행위에 의해 정체성이 만들어지기 위해서는, **사회적 조건이 무엇이든지** 그것으로부터 탈피하는 것이 필요하다.[22]

이 점에서 캐나다 철학자 찰스 테일러Charles Taylor는 근대성의 변화를 비공동체적 형태에서 찾으며 사회를 본질적으로 개인들의 구성으로 인식하고 이상적인 개인은 "나 자신을 개발하는 **개인주의화된 정체성**"을 지향하고 "나 자신을 신뢰하고 나 자신의 고유 존재 방식"[23]을 추구하는 존재라

---

22 A. Ehrenberg, *Le culte de la performance,* Calmann-Lévy, 1991, p. 212.

23 Ch. Taylor, *Multiculturalisme, Différence et démocratie* [1992], Aubier, 1994, p. 44. 근대의 정체성을 떠받친 개인주의화에

고 여겼다. 이와 반대로, 철학자 마르셀 고쉐Marcel Gauchet는 공동체주의 입장에서 정체성의 변화가 "개별성을 제거하여 자신을 보편성에 일치시키고, 공익적인 것의 개발을 통해 시민성을 실천하는 이상적 공화주의로부터 후퇴"라고 진단했다. 마르셀 고쉐의 눈에 "진정한 나는 자신을 개별화하는 공동체를 거부하고 장소, 사회적 부류에 의해 우연하게 **주어지는 조건**에 저항함으로써 자기 자신을 **획득하는 나**"이다. 그에게 '새로운 정체성의 방식'은 그들이 속한 공동체 조건에 기반 하여 그들이 속한 공동체의 전통이나 그들을 개별화하는 지침을 획득한 것에서 개인들의 새로운 관계를 구축하는 것이다.[24] 따라서 "공적 장소에 들어가기 위해 개인적 특성을 제거했던 이전의 규범과 달리, 공적 장소에서 중요한 것은 개인의 정체성"이 되었다.[25]

---

대해 cf. Danilo Martuccelli, *Sociologies de la modernité*, Gallimard Folio-Essais, 1999.

24   M. Gauchet, *La Religion dans la démocratie. Parcours de la laïcité* [1998], Glallimard "Folio", 2001, p. 123.

25   *Ibid.*, p. 134.

우리는 마침내 사회심리적 영역에서 중요시하는 개인 정체성과 정치적 영역에서 강조하는 국가 정체성 사이의 긴밀한 관계를 알게 된다. 국가는 공동체의 유사성을 기반으로 구성된 정체성의 표준 집단이고, 그것 자체로 국가가 무엇인지 정의하기에 '프랑스 정체성' 자체가 특별하다. 하지만 그 또한 다양한 특징에서 다른 국가 정체성에 구성되고 포함될 수 있는 요소라고 인식할 수 있다. 이처럼 중의성을 내포한 정체성은 다양한 요소에 의해 정체성의 관계를 구성하는 핵심 구조를 지닌 채, 가장 '작은' 중심축(인간 존재)에서 가장 '큰' 중심축(국가, 전체 인류)까지, 때때로 모순적인, 모든 종류의 정체성에 대한 정의와 재확인을 가능하게 한다.

# 5장  정체성은 일원적이지 않다
## (그렇다고 이원적이지도 않다)

# 5장  정체성은 일원적이지 않다
## (그렇다고 이원적이지도 않다)

우리는 정체성에 대한 흔한 착각을 한다. 정체성이 단일한 고정적 실체이며, 맥락의 가변성만큼이나 주체의 표상도 결정된 덩어리라는 것이다. 예컨대, '프랑스 정체성'은 단일하고 객관적이고 명확하게 정의할 수 있는 기준에 의해 만들어진 실체라는 것이다. 이러한 착각에서부터 거의 신앙적 수준의 교리적이고 형이상학적인 정체성 개념에 대한 수많은 논쟁이 일어난다. 예컨대, "당신은 정체성을 믿나요?", "나는 당신의 정체성이 무엇이든 믿지 않아요. 그런 것은 있지도 않아요!" 등.

우리가 정체성의 이데올로기 용법을 골라내고 그것의 실제 용법을 이해하는 분석 수단으로 사용하고자 한다면, '실증적' 또는 과학적 상태에 진입하고자 한다면, 오귀스트 콩트Auguste Comte가 우리에게 알려준 '교리적' 상태와 '형이상학적' 상태에서 빠져나와야 한다. 이를 위해 다양성의 관점에서 우리가 '정체성'이라고 일컫는 감정 조합의 단편적 정의를 부정할 수 있어야 한다. 다시 말해, 정체성이 세계의 복잡성을 해체하는 수단적 핵심 이론이 아닌 관찰된 사실을 분석하는 틀이 되도록 경험된 세계의 복잡성을 신중하게 다루어야 한다.

'존재'의 다양성은 츠베탕 토도로프Tzvetan Todorov가 비영구성(시간의 변화)과 계층(공간의 변화)의 구분을 통해 설명했듯이 시간과 공간 영역에서 발달한다.[1] 시간과 공간 영역의 구분은 존재의 변화 현상뿐만 아니라 정체성이 논의되는 맥락에 따라 자기 스스로를 정의하는 수많은 방식이 있다는 사실을 보여준다.[2] 행위자 자신은 이것을 잘 알고 있고, 경우에 따라 그들의 이해관계에 근거해 자기 존재의 다양성을 설명할 수 있다. 일례로, 중세 시대 한 프랑스 신부는 '그가 기혼자였다고 폭로되

---

1    Cf. T. Todorov, *Le Jardin imparfait. La pensée humaniste en France*, Grasset, 1988, p. 202.

2    Cf. N. Heinich, *Etre écrivain, op, cit.*

자 남작 신분으로서 결혼을 한 것이었으므로 신부로서 미혼의 맹세를 확실히 지킨 존재라고 주장했다.'[3] 이것을 역사학자 어니스트 칸토로위즈Ernst Kantorowicz의 **복합 인물**persona mixta 이론에서 이해하자면, 신부는 개인 행위에 시간과 공간 구별의 이중 능력을 부여하여 해석했다고 볼 수 있다.[4]

이 두 원칙은 중첩될 수 있는데, 정체성 영역의 한 요소(예를 들어, 국가나 성별)가 시간에 따라 변경될 수 있는 반면 다른 요소(예를 들어, 사회적 출신, 지리적 출신)는 불변하기 때문이다. 국가 정체성에 대한 정치적 논쟁은 21세기 초 프랑스에 정체성의 질문을 점화시켰다. 우리는 정체성의 기준이 시대마다 다르고, 지리, 행정, 언어, 관습, 종교, 문화 등 다양한 조건에서 전개된다는 것을 알고 있다. 그렇다면 프랑스 정체성이 존재하지 않는다고 결론지어야 할까? 이러한 결론에는 우리가 이미 언급했듯 다른 유의미한 요소를 고려하지 않고 일의성만

---

3    V. Descombes, *Les embarras de l'identité, op, cit.,* p. 48.
4    Cf. E. Kantorowicz, *Les Deux Corps du roi, Essai sur la théologie politique au Moyen Age* [1957], Gallimard, 1989.

을 강조하는 실체론적 개념이 자연스럽게 들어가
있다. 우리가 일원적 의미에서 정체성의 기준을 찾
으려고 한다면 터무니없는 순진무구함에 비난받을
것이다.

이처럼 다양성과 변화 영역에서 고찰되는 정
체성은 인문사회과학의 새로운 인식이 아니다. 철
학, 심리학, 정신분석, 인류학, 사회학은 존재의 다
양성을 성찰할 수 있는 여러 모델을 제시했다. 나는
여기서 정체성의 일원적 모델이 아닌 이원적 모델
modèle binaire과 삼원적 모델modèle ternaire을 의도적
으로 구분하여 설명할 것이다.

이원적 모델과 관련해 우리는 이미 철학자 폴
리쾨르Paul Ricoeur가 어떻게 존재론적 측면에서 '수
치적numérique' 정체성(존재의 특별성과 관련되는 ipse
정체성)과 '자질적qualitatif' 정체성(타인과 공유될 수 있
는 특성의 idem 정체성)[5]을 구별하는지 살펴보았다.
이와 완전히 다른 관점에서 사회학자 로버트 머튼

<hr>

5    이 구분에 대한 철학적 관점에 대해 cf. S. Ferret, *Le
Philosophe et son scalpel. Le problème de l'identité
personnelle,* minuit, 1993.

Robert K. Merton은 **부여**ascribed 지위와 **획득**acquired6 지위로 두 대조적 지위 또는 정체성을 구분하고 있다. 특정 장소(지리적 출신)에서, 특정 사회적 부류(사회적 출신)로, 특정 피부색을 갖고(인종), 특정 시대(세대)에, 어떤 성별로 태어난 상태는 모든 개인에게 균등하게 주어진 특성이고, 개인은 (성 전환을 위한 복잡한 시도를 하지 않는 한) 그 사실에 어떠한 변화를 줄 수 없다. 반면, 어떤 곳에 살고, 어떤 공부를 하고, 어떤 직업을 갖고, 어떤 정치적 입장을 가지고, 결혼을 했거나 안 했거나, 아이가 있고 없음은 개인이나 가족의 선택 속에서 정체성을 구성한 것이다. 물론, 종교와 같이 가족에게 강요되거나 주체에 의해 선택될 수 있어 부여와 획득을 단언하기에 애매한 영역도 있다. 하지만 비록 부여된 정체성과 획득한 정체성의 경계가 항상 명확하지 않더라도 이 구분은 중요하다. 일반 범죄와 달리 출생에 의해 주어지는 특성(유대인 출신) 때문에 일어나는 민족말살

---

6    Cf. R. K. Merton, *The Sociology of Science. Theoretical and Empirical Investigations,* Chicago University Press, 1973, p. 101.

의 반인륜적 범죄를 이해할 수 있기 때문이다. 유대인이라는 출신에 부여한 특성을 가지고 우리는 아무것도 할 수 없다. 이것은 저항 운동에 참여하여 삶의 과정에서 획득할 수 있는 특성이 아니다.

정체성의 이원적 모델은 정신분석학에서도 찾아볼 수 있다. 지그문트 프로이트Sigmund Freud는 주체의 상상 속에 '이상적인 나'(유아적 환상)와 '나의 이상'(이상적인 부모)을 구별하고, 꿈과 현실의 구속으로부터 자유로운 상상은 '이상적인 나'의 정체성을 지배하고, '나의 이상'의 내재적 모델은 내가 이상에 가까워질 수 있도록 현실적 노력을 추구한다고 설명한다. 정신분석학자 세르주 티스롱Serge Tisseron은 전자의 경우 꿈에서 우리는 이미 영웅이 되는 상상을 하고, 후자의 경우 그것이 "현실이 될 수 있도록" 노력한다고 설명한다.[7] 그러나 정신분석학의 관점에서조차 정체성은 사실 영역을 포함하고 있어 단순히 상상적 차원에서만 설명될 수 없다. 우리가 정신분석학에서 정체성의 문제를 다루

---

7    S. Tisseron, *L'intimité surexposée,* Ramsay, 2001, p. 106.

는 것을 살펴보았듯이, 에릭 에릭슨Erik H. Erikson은 주민등록처럼 개인 외부에 표시되는 '객관적' 정체성과 그것 자체로 경험되고 나타나는 '주관적' 정체성[8]을 구분하고 있다.

하지만 정체성의 다양성을 인식하는 데 있어서 무엇이 중요하든지 간에 우리가 곧 살펴보게 되겠지만 개인적 '정체성'과 사회적 '정체성'의 위계 분할은 압축적이고 기만적이기까지 하다. 이러한 정체성의 대치는 개인과 무관하고 허위적이다.[9]

사실, 이원적 모델은 사회로부터 독립된 개인들이 존재할 수 있다는 환상을 심어주어 개인과 사회의 대립 구도를 형성한다.[10] 상호관계론의 사회

---

8    Cf. D. J. De Levita, *The Concept of Identity, op, cit.*

9    대치적 정체성 개념은 철학자 롬 하레Rom Harré에 의해 재평가되었다. *Personal Being. A theory for Individual Psychology*, Basil Blackwell, 1983. 클로드 뒤바Claude Dubar는 자아 정체성l'identité pour soi과 타인의 정체성l'identité pour autrui을 구분하고(cf. *La socialisation, op. cit.*), 프랑수아 드 생글리François de Singly는 내적 자아soi intime와 지위의 자아soi statutaire를 구별한다(Cf. *Le Soi, le couple, et la famille*, Nathan, 1996).

10    개인을 호모 클라쉬스Homo clausus(옮긴이: 닫혀 있는 인간)로 인식하는 방식에 대한 비판 cf. N. Elias, *La Société des individus*

학에서 강조하는 '역할' 개념은 개인성을 진위 문제로 파악하고, 타인을 향한 자기 소개를 게임으로 치부하며, 세상에 대해 그리고 세상에 의해 강요되는 태도에 인위성을 포함하기에 문제적이다. 역할 개념은 모든 개인이 실체론적, 내재적, 불변적 정체성을 가진다는 순진한 생각을 무력화하는 장점이 있다. 그러나 그것은 세상이 '연극'처럼 파악될 수 있는 매우 특수한 경우에서나 유의미하다. 어빙 고프만Erving Goffman은 『프레임 분석Frame Analysis』에서 그의 초기 작업과 달리[11] 구조적 조건을 강조하고, 연극적 방식에 따라 작동하는 상호작용의 가능성과 역할 메타포의 적용 상황에 따른 '역할' 개념을 재분석하고 있다.[12]

고프만은 이원적 개념(개인적 정체성과 사회적 정체성[13])과 삼원적 개념('사회적 정체성', '개인적 정체

[1987], Fayard, 1991.

11    Cf. *La mise en scène de la vie quotidienne 2. Les Relations en public* [1971], Minuit, 1973.

12    Cf. E. Goffman, *Les Cadres de l'expérience* [1974], Minuit, 1992.

13    "나는 세대, 성별, 계급, 군대 등에 개인이 자유롭게 소속될

성', '자아 정체성identité pour soi')의 조합에서 갈등했다.[14] 정체성의 다양성은 인류학자 조지 미드George H. Mead에게 '자아soi', '나moi(옮긴이: 객체적 나)', '나je(옮긴이: 주체적 나)'[15]의 구분으로 나타났다. 정체성의 다양성은 정신분석학자 프로이트의 유명한 세 논법(무의식, 전의식, 의식 그리고 '원초아', '자아', '초자아'[16])에서 찾을 수 있으며, 신경과학자 안토니오 다마시오Antonio R. Damasio의 유기체의 자아 인식proto-soi, 유기체와 세상과의 상호 관계 장소('의식-핵'), 자아의식('확장 의식')에서도 이해할 수 있다.[17]

---

수 있는 사회적 카테고리를 (…) '사회적 정체성'이라고 이해하고, 이름과 외관처럼 뚜렷한 표시에 의해 정형화되고, 그의 삶과 사회적 특성 속에 구성되어 개인에게 주어지는 지속적이고 유기적인 단일체를 '개인적 정체성'이라고 이해한다."(E. Goffman, *La mise en scène de la vie quotidienne 2. Les Relations en public, op. cit.,* p. 181-182).

14   Cf. *La mise en scène de la vie quotidienne. op. cit.,* et *Stigmate, op. cit.* 개념 선택의 갈등은 다닐로 마르투첼리Danilo martuccelli에 의해 잘 분석되어 있다. *Sociologies de la modernité, op. cit.,* p. 458.

15   Cf. G. H. Mead, *L'Esprit, le soi et la société, op. cit.*

16   Cf. Jean Laplanche, Jean-Baptiste Pontalis, *Vocabulaire de la psychanalyse,* PUF, 1967.

17   Cf. A. R. Damasio, *Le Sentiment même de soi. Corps,*

세 가지 요소의 정체성 조합은 표상과 실제, 역할과 진심, 자연스러움과 인위, 심원과 피상, 현실과 이미지처럼 '사회적'인 것과 '개인적인 것'을 대립시키는 순진한 이원적 논리보다 큰 이점이 있다. 이원론은 경험의 단절과 같이 즉각적인 방식을 통해 일정 정도 가치 판단에서 벗어날 수 있지만 중요한 두 가지 사실을 놓치고 있다. 첫째, 정체성이 자신을 소개하고 인지하는 순간만이 아닌 타인이 자신을 이해하는 명명désignation(옮긴이: 모든 주체를 구별하는 방식의 표현)의 순간을 포함하고, 둘째, 주체 내부에서 자신을 향한 순간('자기 인식')과 타인을 향한 순간('소개')의 두 가지 자기 이미지 분할이 존재한다는 사실이다. 다시 말해, 정체성이 일원적 차원이 아니듯 이원적 차원도 아니고 삼원적 차원이라는 것이다.

(타인에 의한) '명명', (타인을 향한) '소개', (자신을 향한) '자기 인식'의 세 순간이 구별될 때, 우리는 정체성의 미묘한 작용 방식을 알 수 있다. 왜냐하

*émotions, conscience* [1999], Odile Jacob, 2002.

면 주체는 타인에 의한 명명을 자기 소개에 사용할
수 있고, 명명에 따른 자기 인식을 가질 수 있고, 자
기 소개를 변형하여 자기 인식을 할 수 있기 때문이
다.[18] 예컨대, '프랑스인', '소설가', '유대인', '동성
애자'라고 "느끼고", "생각하고", "말해지는" 것이
같은 순간의 작용이 아니며 같은 이유에서가 아니
라는 것이다. 세 순간은 정체성 획득에 필수적이고,
세 순간들의 불일치는 긴장, 고통, 분쟁의 원천이
된다. 정체성의 일치가 존재의 행복 이상 사회적 삶
을 지탱하는 기본 역량이 될 수 있는 까닭이다.

　명명의 순간. 이 순간은 가장 외부적이고 주체

---

18　이 모델은 N.하이니히N. Heinich에 의해서 소개되고
사용되었다. Relations "publiques, relations en public",
*Communication et organisations,* n 4, novembre, 1993 ;
"Façons d'être écrivain ; l'identité professionnelle en régime
de singularité", *Revue française de sociologie,* XXXVI-3, juillet-
septembre 1995 ; *Etats de femme, op. cit.* ; "Prix littéraires
et crises identitaires : l'écrivain à l'épreuve de la gloire",
*Recherches en communication,* n 6, 1996 : *L'épreuve de la
grandeur. Prix littéraires et reconnaissance,* la Découverte,
1999 : *Etre écrivain, op. cit.* 나는 애초 '소개'의 뜻으로 사용했던
'표상'의 단어를 정신적 표상의 개념과 혼동하지 않기 위해 이
책에서 사용하지 않았다.

의 개입이 최소화된다. 주체는 자기 인식과 소개의 불일치 순간이나 '정체성의 순수성'을 말할 수 있는 상황에 개입하여 행위 할 수 있지만, 지금까지 이러한 질문에 의문을 가지지 않았다. 열 살의 어린 알베르트 코헨Albert Cohen에게 심각한 트라우마 traumatisme로 남게 된, 행상에게 '유대인'으로 취급되어 모욕당한 경험은 소년 인생에 재앙과도 같은 정체성 침해와 폭력이었다.[19] 명명은 상호작용 관계(행인, 직장 동료, 친구, 동거인, 가족)에서뿐만 아니라 제도적 조치에서도 일어날 수 있다. 세금 고지서와 행정 서류 작성은 소설가의 자질을 확인받고 느끼는 행복, 또는 그런 위대한 자질을 인정받지 못해 느끼는 불안감에 개인을 빠뜨릴 수 있다.[20] 하지만 일상적이고, 비개인적인, 표준화된 '서류 작성의 정체성'[21]은 정체성 경험의 본질적 영역이 아니다. 이런 경험은 일이 잘못되었을 경우 잠깐 기억되지만

---

19    Cf. A. Cohen, Ô vous frères humains, Gallimard, 1972.

20    Cf. N. Heinich, Etre écrivain, op. cit.

21    Cf. Claudine Dardy, Identités de papiers, Lieu commun, 1991.

이내 쉽게 잊힌다. 명명은 가치절하('유대인', '동성애자')와 가치부여('예술인', '고급 관리인')에 의해 개인에게 인식됨으로써 다른 두 정체성의 순간과 인지 부조화에 따른 불안을 생성할 수 있다. 반대로 주체에게 적절하고 주체가 실행하는 임무와 인식되는 지위 사이의 관계를 긴밀하게 형성함으로써 주체를 안정감 속에 정착시킬 수 있다.

명명의 순간은 정체성의 다른 두 순간과 결합할 때 주체에게 특별한 의미를 가진다. 타인의 시선, 특히 고정관념에 꽉 찬 말과 글에서 구성된 정체성을 경시하는 태도는 사르트르Sartre가 유대인의 질문에 대해 "유대인은 타인에게 유대인으로 이해된 사람이다."[22]라고 대답했을 때 범한 실수와 같은 것이다. 사르트르가 말한 이 경우는 주체가 유대인으로서 인식되지 않고 그들 스스로가 자신을 그렇게 소개하는 매우 이색적인 상황, 레몽 아롱 Raymond Aron이 언급한 '도착점'일 때이다. 즉, "유대

---

22  Jean-Paul Sartre, *Réflexions sur la question juive*, Gallimard, 1946.

인이 종교 공동체와 국가 공동체에 연결되어 더 이상 주변인에 의해 부여된 유대인의 특징에서 정의되지 않는" 상황일 때를 말한다.[23] 바로 여기서 우리는 정체성의 변화가 세 가지 순간의 상호관계에서 인식되어야 할 필요성을 알게 된다. 전통 철학이 추구하는 독존적 자기 인식의 경향을 반대하는 차원에서 부정확한 '타인의 인식'을 덧대는 것은 부적절하다. 왜냐하면 주체가 자기 이미지를 투사하는 방식과 세상이 그것을 수용하는 방식의 구체적 표시에 타인이 개입하기 때문이다. '프랑스인이다'라고 할 때, 그것은 무엇보다 그렇게 인식하고 또 그렇게 인식되는 것을 의미한다.'[24] 하지만 어떤 방식으로 누구에 의해 그렇게 인식되는지 알아야 한다. 물론 그렇게 스스로를 소개한다는 사실도 잊지 말아야 한다.

두 번째 소개의 순간. 소개의 위험은 자신이 수용되고, 인정되고, 확인되는 데 자기 공표면 충분

---

23　R. Aron, *Essais sur la condition juive contemporaine*, Tallandier, 2007, p. 37.

24　P-A. Taguieff, "Etre français", art. cit.

하다고 여기는 위험천만한 생각과 같이 정체성 구성을 이 한 순간에 축소하는 데 있다.[25] 실제로 한 번도 책을 출판한 적 없는 국립도서지원센터의 보조금 신청자는 자신이 글을 쓴다는 이유에서 스스로를 작가라고 소개할 수 있겠지만 이 주장은 엄격한 원칙에 근거했을 때 부정된다. 행정적 의미에서 그는 작가가 아니며 창조적 직업을 가졌다는 사실만으로 신원을 증명하기에 불충분하기 때문이다. 우리는 다른 사례를 통해 이 주장을 이해할 수 있다. 전쟁 말기 생명을 위협 받는 극한 상황에서 유대인들이 가짜 기독교인 증서를 만들어 외국인 발음을 하며 신분을 위장한 사실이 있다. 자기 소개와 자기 인식 사이에서 발생하는 이 불일치는 낙인의 경우 빈번하게 나타난다. 예컨대 성적 삶을 숨기는 동성애자, 신앙은 잃었지만 미사를 보는 기독교인, 글을 아는 것처럼 보이나 읽을 줄 모르는 문맹인들이 그렇다. 고프만은 주체가 인지할 수 없게 된 내

---

25    그래서 "우리는 '정체성'이 각자 자신을 표명하는 것이라고 이해한다."(Hervé Glevarec, "Ma radio", Attachement et engagement, INA, 2017.)

면의 과정과 습관에서 '일상의in everyday life' 자기 소개가 결정된다고 주장한다. 자기 소개는 숨김이나 거짓을 포함하지 않고 거기에는 자기실현, 자기 이미지, 말하는 태도, 옷 입는 스타일, 화장법과 같이 셀 수 없이 많은 것들이 미세하게 의식할 수 없을 만큼 작용한다. 자기 소개는 개인이 사회에 존재한다는 사실에서부터 타인에 의해 부여된 명명과 자신이 무엇이고 무엇이 되려는지에 대한 고유한 자기 인식을 일치시키는 개인의 미세전략이라고 말할 수 있다.

세 번째 자기 인식의 순간. 만약 정체성의 처음과 두 번째 순간이 쉽게 관찰될 수 있다면, (프랑스인, 소설가, 유대인, 동성애자...라고) '말해지고', '생각하고', '느끼고'... 하는 자기 인식에 대해 설명할 것이 별로 없다. 자기 인식은 단순히 자신과의 관계가 아니다. 정체성 질문에 타인의 시선에 대한 성찰은 필수적이며 그렇지 않으면 전대미문의 존재로서 자멸한다. 자기 인식은 자기 성찰을 이끄는 이중화 dédoublement(옮긴이: 자기와 타자의 관계에서 발생하는 분열)의 조건에서만 발생한다. 자기 성찰은 즉시성과의 단절, 세계의 이치, 긴장과 모순의 징후, 정체성 조합의 불일치를 알려준다. 이렇게 저렇게 '느낀다'와 같은 자기 인식의 표현에는 비판적 상태와 정체성 구성의 세 순간이 불일치한다는 점을 수반한다. 그러므로 자기 인식의 순간은 다른 두 순간과 분리될 수 없다. 자기 인식은 타인과 대결 조건에서만 나타나고 증명될 수 있다. '순수한 주관성'은 타인과 사는 세상 속에서 주체에 의해 내도來到하기 때문이다. 그래서 자기 인식의 주관적 순간과 주체의 자기 소개와 타인에 의해 되돌아온 명명의 객관적 순간들의 불일치가 자기 인식에서 '감지된 정체성' 즉 '자기 정체성'을 우선하거나 근본으로 간주하는 것을 차단한다.[26]

자기 인식, 소개, 명명의 세 순간은 내재성과 외재성의 측면에서 특별한 위치를 점유한다. 자기 인식은 가장 내적인 순간으로 언어에 의해 매개되고

---

26　로크Locke에게 개인의 정체성을 결정하는 '자기 인식'은 노베르트 엘리아스Norbert Elias에 의해 지적된 호모 클라쉬스Homo clausus(옮긴이: 닫혀 있는 인간)의 궤변과도 같다(cf. S. Ferret, *L'identité, op. cit,* p. 30).

타인의 시선에서 내재화되는 자기와의 관계이다. 소개는 매개의 순간이며 주체에 의해 타인에게 제공되는 이미지이다. 명명은 타인에 의해 주체에게 주어지는 고유한 이미지이며 가장 중요한 외재성의 순간이다. 우리는 여기서 소개의 핵심적 특징을 지적할 수 있다. 소개는 주체의 내재성 정도에 따라 발달하며 자기 인식의 내재성과 명명의 외재성을 일치시키는 데 공헌한다.

끝으로 우리는 정체성의 세 '순간'과 현실, 상상, 상징으로 구분한 존재론의 정체성 개념(정신분석학자 자크 라깡Jacques Lacan에 의해 유명해진 불명확한 세 개념)을 교차할 수 있다.[27] 존재론의 정체성 질문에 교차 적용할 수 있는 사회학적 개념은 현실을 대체하는 상황, 상상을 대신하는 역할, 상징을 교체하는 지위이다. 예컨대, 우리가 가족 정체성을 말할 때 사회학적 관점에서 엄마의 입장은 아이를 낳은 모든 여성의 상황, 엄마의 역할, 가족 구성에서 차

---

27    Cf. J. Lacan, *Ecrits,* Seuil, 1966.

지하는 엄마의 지위를 한꺼번에 설명할 수 있다.[28] 존재론의 정체성 관점을 국가 정체성의 질문에 교차하면 프랑스인이라는 정체성은 다음 작용들이 최종 종합된 결과로서 이해된다. 프랑스인은 첫째, 나의 실제 국적에 대한 자기 인식(신분증), 상상적 국적에 대한 자기 인식(프랑스인으로서 나 자신을 어떻게 생각하는가), 상징적 국적에 대한 자기 인식(국적의 의미, 내가 국적에 부여한 의미). 둘째, 실제 국적에 대한 소개(나는 프랑스인이다), 상상적 국적에 대한 소개(내가 루마니아인이 된 것 같다), 상징적 국적에 대한 소개(나는 프랑스인으로서 시민권 평등, 종교의 자유, 표현의 자유 등의 가치를 가진다). 셋째, 나의 실제 국적에 대한 명명(당신은 프랑스인이다), 상상적 국적에 대한 명명(혹시 루마니아인이 아닌가요), 상징적 국적에 대한 명명(당신은 프랑스인일 것 같아요. 계몽주의 문화를 전승 받았어요)의 결과이다.

정체성의 문제가 이제 단일 모델이 아닌 복수

---

28   이것은 N. 하이니히의 "여성의 신분(*Etats de femme, op. cit.*)"에서 소개되었다.

모델, 즉 실체론의 모델이 아닌 구성주의 모델이라는 점은 명백해졌다.[29] 이로써 정체성의 질문은 인간 과학을 다루는 모든 분야의 구성주의[30] 관점을 새롭게 전환하면서 인간 과학의 근대화를 선도하는 탁월한 기제가 된 셈이다.

---

29  문화 연구 창시자 중 한 명인 영국 사회학자 스튜어트 홀Stuart Hall의 기여. Cf. Stuart Hall, "cultural studies" : *Identités et cultures. 1. Politique des "cultural studies"*, Amsterdam, 2017.
30  '사회적 구성construction sociale'의 개념 분석에 대해 cf. P. L. Berger, T. Luckmann, *La Construction sociale de la réalité, op. cit.* ; 그것의 오용과 비판에 대해 cf. Iran Hacking, *Entre scence et réalité. La construction sociale de quoi?* [1999], La Découverte, 2001.

# 6장

## 정체성의 위기 없이
## 정체성의 감정도 없다

# 6장 정체성의 위기 없이
정체성의 감정도 없다

인간이 성찰 능력을 가진 까닭에 정체성 구성의 세 '순간'(자기 인식, 소개, 명명)은 인간 존재에게 유효하다. 그러나 집, 프랑스와 같이 추상적 존재, 즉 사물에 대한 정체성에 관해서는 소개와 명명만이 요구될 뿐이다. 국가를 표준 삼는 사람들에게 정체성의 기준이 되는 국가는 '정체성의 감정'을 가지지 않고, 국가 자체가 무엇인지에 대해 인식할 수 있는 능력이 없다. 그래서 은유적 표현을 제외하고 국가가 무엇을 '요구하다', '하다', '수용하다'고 말할 수 있을 뿐이다. '프랑스의 정체성'은 역사(소개)의 과정 동안[1] 축적된 특징을 바탕으로 우리가 국가에 부여한 특성(명명)에 의해 만들어졌다. 그러나

---

1    Cf. F. Braudel, *L'identité de la France, op. cit.*

어떤 경우에도 그 무엇이든지 간에 프랑스가 '~생각하다Se dire', '~여기다se voir', '~바라다se prétendre'라고 할 수 없고, 기껏해야 '~이고, ~되고, ~어지는 être vue, dite, prétendue' 정도로 통용된다. 국가와 같은 추상적 개념은 유일하게 상태 동사와 결합해 프랑스가 '이다est', '되다devient', '있다reste' 등을 나타낼 수 있다.[2]

자기 인식의 결여, 일반적으로 추상적 실체에서 찾을 수 없는 '정체성의 감정' 결핍이 정체성의 위기라고 말할 수 없지만, 그것은 대상을 표준 삼아 정체성의 감정을 갖는 주체에게 영향을 주는 위기이다. 왜냐하면 주체는 자신이 만든 이미지와 그것이 타인에게 인식되는 방식에서 발생하는 불일치, 또는 자신의 현재와 과거가 불일치하는 상태를 인식하기 때문이다. 그래서 2010년 한 해 동안 프랑스의 정체성에 대한 공적 논의가 걱정, 불안, 상

---

2    추상적 실체에 행위와 의지를 부여하는 이성('개념적 신인동형론')을 비판한 책 cf. N. Heinich, *Le Bêtisier du sociologue,* Klincksieck, 2009. cf, N. Heinich, "Misères de la sociologie critique", art. cit.

실감의 형태에서 지속적으로 증가했던 것이다. 철학자 알랭 핑켈크로트Alain Finkielkraut는 "기존 세상을 살아가는 사람들에게 영향을 준(줄) 이민 현상은 유럽 사람들과 그들의 국가에 정체성의 질문을 던진다. 글로벌한 개인은 타자성의 충돌에서 자기 존재를 발견한다."[3]고 지적한다. 즉, '다른' 사람과의 만남(여기에서 이민자)이 국가 정체성의 확장이나 폐기 또는 둘 모두를 촉발하며 개인들이 가진 국가 정체성('세계 시민'이 아닌)의 감정을 성찰하게 한다.

이 지점에서 주목해야 할 정체성의 근본 특성이 있는데, 정체성은 그것이 문제가 될 때 드러난다는 것이다. 곧 살펴보게 되겠지만 정체성 문제는 개인뿐만 아니라 공동체에도 출현한다. 결혼은 가족 구성원뿐만 아니라 혈통 단위의 가족 공동체에 혼란을 일으킬 수 있다. 성직자가 저지른 범법행위는 종교인과 공동체 관계에 문제를 만들 수 있다. 외국인 유입에 따른 삶의 변화는 사회 구성원과 그들

---

3    A. Finkielkraut, *L'identité malheureuse, op. cit.* (quatrième de couverture)

의 '문화'에 갈등을 가져올 수 있다. 문화란 구성원이 공동체의 정체성을 인식(자기 인식)하고, 구성원의 가치에 가장 적합한 것을 선택(소개)하며, 외부 관찰자가 구성원들에게 부여한 이미지(명명)로 이해할 수 있다.

정체성 위기의 관점에서 사회 변형을 분석한 사회학적 연구들은 1960년대 이후의 프랑스 사회를 탐구한 클로드 뒤바Claude Dubar의 연구 외에 드물다.[4] 민속학자들은 '(서양의 근대화 요구에 강요되어) 그들의 고유 문화를 잃는다.'는 것이 개인에게 무엇을 의미하는지 연구했다.[5] 노베르트 엘리아스 Nobert Elias는 문화 상실에 따른 개인의 슬픔과 절망이 양산하는 공동체 현상에 주목했다. 그는 "문화의 종말, 권력과 지위 상실이 가져다주는 반응은

---

4    Cf. Cl. Dubar, *La Crise des identités. L'interprétation d'une mutation,* PUF, 2000.

5    Cf. David Berliner, "On exonostalgia", *Anthropological Theory,* 14(4), 2014. 이 주제는 "마지막 생존자들의 패러다임Le paradigme des dernières"이란 제목으로 민속학자 데이비드 벌리너David Berliner가 EHESS 세미나에서 다뤘던 주제이다. 이 내용은 애석하게도 작가가 사망한 탓에 책으로 출간되지 못했다.

통상 억눌림, 실망, 허무, 무용의 감정을 수반한다. 이러한 감정은 견유주의cynisme, 니힐리즘nihilisme, 자폐repli sur soi의 성향에 지배될 수 있다. (…) 이 감정은 잃어버린 감각을 추억하고 사랑받지 못해 슬퍼하는 사람들의 감정과 유사하다."[6]고 지적한다. 공동체의 절망은 권력과 고유 정체성(자기 자신)을 잃고, 이전 지배 계급보다 더 악한 지배자를 견디는 사람들(윌리엄 리버스William H. Rivers의 추락한 선교사들과 멜라네시아 사람 연구[7])에게서 나타난다.[8] 이 상황에서 사람들이 자신의 지위를 영속하기 위해 "자신의 생명"을 버린다면, 그것은 단순히 "그들이 소유한 풍요로운 물질을 잃어버리는" 것에 대한 두려움 때문만이 아니라 "자존감과 삶의 존엄한 양식까지 붕괴하는 것을 목도하기 때문이다."[9]라고 엘리아스는 설명한다. 그런데 이 과정에서 하류층에 나타나는 공동체의 정체성 위기와 상

---

6    N. Elias, *Les Allemands, op. cit.,* pp. 217, 472.

7    *Ibid.,* p. 106.

8    *Ibid.,* p. 470.

9    *Ibid.,* p. 471.

류층에 나타나는 위기는 서로 다른 모습을 양산한다. 전자는 그들의 비극적 상황을 불평하거나 위기를 인지한 사람들(특히 민속학자들)은 분개하지만, 후자는 위기 상황을 부정하거나 축소 또는 수구적인 '행동주의'(범지구적 차원의 진보주의와 '신행동주의' 촉발) 경향을 보이는 것이다.

정체성 없는 정체성의 위기는 없다. 이 규칙은 '민족'이나 '문화'와 같은 공동체적 실체보다 여러 개의 정체성을 가진 개인이 자기 인식, 소개, 명명의 순간을 전개하는 과정에서 문제를 느꼈을 때, 즉 정체성의 위기를 가진 인간 존재에게서 더욱 명확하게 확인될 수 있다.

평상시 정체성의 세 순간은 모순 없이 서로 연결되어 있다. 그래서 정체성은 우리가 생각조차 하지 않는 무엇일 뿐이다. 하지만 그것은 존재하지 않는 것이 아니라 말이 없는 상태에 머무르고 있을 뿐이다. 정체성의 위기는 자기 인식, 소개, 명명의 순간이 불일치할 때 시작되고, 비록 그것이 위기라고 여겨지지 않아도 정체성의 문제를 드러내게 된다. 남자라고 명명되고 여자로서 자기 인식(또는 그 반대)을 하는 성전환자들의 경우가 그렇다. 이들은 자신의 성적 정체성을 자기 소개와 일치시키기 위해 법률적인 것만큼 강력한 육체적 고통을 감수하기도 한다.

'정체성의 위기' 개념은 정신분석학자 에릭 에릭슨Erik H. Erikson에 의해, 그 자신도 해당되었기에 더욱 민감했을 주제인, 독일 출신 유대인 미국 이민자 연구 분석에서 시작되었다. 에릭슨은 표준 집단의 고유한 가치 체계에 분할이 생길 때 정체성의 위기가 발생한다고 설명한다. 에릭슨은 이를 **'정체성 감정'의 상실**loss of a sens of identity이라고 말하며, 증여를 통해 부를 분배하는 부족의 가치체계를 획득하고 동시에 효용적 투자와[10] 자본 축적의 경제적 합리성을 우선하는 북아메리카 가치체계를 획득한 인디언 청년의 사례를 보여주었다. 그러나 정체성 감정의 위기는 특수한 사회적 맥락에서 발생한다. 프로이트 시대의 빈Wien 사회는 사회 구성원을 모

---

10  Cf. E. H. Erikson, "The problem of Identity", *American Journal of Psychoanalysis*, vol. IV, 1956.

든 긴장에 노출시켰고 그 결과 프로이트 이론에서 주장되듯 '자아 정체성ego identity'11의 결핍이 발생했다. 하지만 그의 성 정체성 질문이 프로이트 시대였기에 가능했던 것처럼 에릭슨의 정체성 문제(참전 군인들의 정체성 혼돈 문제까지 포함) 역시 2차 세계대전 이후에야 가능했던 전략적 주제였다.12

전쟁 이후 심리학자와 사회학자에 의해 미국에서 등장한 다른 두 이론은 정체성 위기 개념을 지원했다. 우선, 심리학자 레온 페스팅거Leon Festinger의 '인지 부조화' 이론은 개념과 정신적 표상 간 모순에서 발생하는 정신적 불안을 설명할 수 있었다(주체는 부정, 경계, 축소, 신앙의 변화 등을 통해 다양한 방식으로 모순을 해결한다).13 그리고 사회학자 제라드 렌스키Gerhard E. Lenski의 '지위 불일치' 개념은 사

11  Cf. V. Descombes, *Les Embarras de l'identité, op. cit.* Cf. A. Mucchielli, *L'Identité, op. cit.,* p. 46-47.
12  Cf. Hanna Malewska-Peyre, "Le processus de dévalorisation de l'identité et les stratégies identitaire", in C. Camilleri *et alii, stratégies identitaire, op. cit.,* p. 111.
13  Cf. L. Festinger, *A Theory of Cognitive Dissonance,* Stanford University Press, 1957.

회인구 자료(나이, 성, 직업, 종교...)에 근거하여 해당 카테고리의 공통된 특징이 아닌, 예컨대 고학력 흑인이나 고소득 여성과 같이 특정 부류에게 발생하는 투표 행위를 설명할 수 있었다.[14] 이와 같은 상황을 정체성의 문제적 관점으로 재구성하면 이것은 정체성 문제의 잠재적 요소 또는 정체성의 위기, 불안, 혼란이라고 볼 수 있다. 정체성의 일치가 중요한 이유는 그것이 정체성 위기를 제거하고 정체성 자체를 의식하지 않게 해서 '그것 자체'의 상태가 되게 하는 조건이기 때문이다.

정체성의 혼란을 이해해 볼 수 없을까? '수치적numérique' 정체성 내지 '**차이**ipse 정체성'(다른 사람이 아닌 자신이 되게 하는 것)과 '자질적qualitatif' 정체성 내지 '**유사**idem 정체성'(어떤 특징을 가지게 하는 것)의 구분을 통해 분석해 보자.[15] 첫째, '수치적' 정체

---

14    Cf. G. E. Lenski, "Status Crystallization : a Non-Vertical Dimension of Social Status", *American Sociological Review*, août, 1954, vol. 19, n° 4.
15    Cf. P. Ricoeur, *Soi-même comme un autre, op. cit.*(서양 철학의 전통과 관련해 Ferret, *L'identité, op. cit.*)

성, '차이ipse 정체성'의 관점. 기억 상실에 따른 정체성 상실은 존재 인식identification에 혼란을 가져온다. 이것이 다소 극단적인 예시일지라도 '정체성의 감정'이 우리에게 존재한다는 것을 알려주는 데 효과적이다. 왜냐하면 정체성의 감정이 일반적 상태에서 인식되지 않고, 존재 인식에 대한 질문이 제기되지 않더라도, 정체성의 감정은 이처럼 상실될 수 있는 것이기 때문이다. 더불어 자기 소개와 타인에 의한 명명의 불일치로 빚어지는 존재 인식에 대한 혼란은 수많은 추리 문학이나 탐정 문학에서 찾을 수 있다. 가장 비극적인 정체성의 불일치 형태는 강제 수용소에 도착한 수용자가 이름(수감번호)과 얼굴(삭발)에서 존재 인식의 기본 구성을 박탈당하는 데서 확인할 수 있다. 수용 사실을 증명하는 방법은 육체를 파괴하기 이전 정체성의 파괴에서 시작된다.[16]

둘째, '자질적' 정체성, '유사idem 정체성'의 관점. 존재 인식의 혼란은 존재 자체가 아닌 정의의

---

16  Cf. M. Pollak, *L'Expérience concentrationnaire, op. cit.*

방식에서 기인할 수 있다. 나는 성, 이름, 얼굴, 디지털 지문으로 확인될 수 있고, 여자, 프랑스인, 사회학자 등으로 정의될 수 있는 것이 아닌가. 정체성의 혼란은 정의 방식에 따라 여러 다른 요소에 의해 유발될 수 있으며 그중 하나가 시간의 개념이다. 삶의 과정에서 일어나는 일들은 나인 것과 나였던 것 사이에서 혼란을 만들 수 있다. 시간적 의미에서 상태의 모든 변화는 불안이자 정체성 위기의 '고통'[17]이 된다.

결혼 역시 상태의 변화에 따른 정체성의 고통을 구성할 수 있다. 전통 사회에서 여성의 존재는 아버지와 남편의 관계에서 결정되었다. 결혼은 꿈꾸던 상태와 일치할 때 고통스럽지 않게 경험될 수 있다. 미혼 상태에서 기혼 상태로의 이행은 여자의 일생에서 '당연한' 과정이고 소녀 X에서 부인 Y로 신분 변화는 어떤 위기도 동반하지 않는다. 그러나 어떤 상황은 훨씬 더 복잡한데, 왜냐하면 고통의

---

17   고난은 '상태 변화의 가능성'으로 정의될 수 있다(Francis Chatauraynaud, *La Faute professionnelle. Une sociologie des conflits de responsabilité au travail,* Métailié, 1991, p. 165).

상태가 될 수 있는 허구가 개입되기 때문이다. 서양 소설에 수없이 등장하는 '정부'의 경우, 정부는 합법적 아내로서 공식 인정되거나 불인정되더라도 남편에게 상징적 위치를 점유한 본처의 자리를 빼앗을 수 없다고 생각하지 않는다.[18] 마찬가지로, 두 이질적 체제 속에서 여성 고유의 정체성을 결정해야 할 경우 고통의 상태는 발생한다. 전통 사회에서 여성은 결혼과 함께 엄마의 신분 획득을 중요시 여기지만 근대 사회에서 여성은 경제적 독립, 성의 해방, 사회화를 추구한다. 자기 해방에 따른 양가적 감정에 맞닥뜨리는 여성은 '사회'나 '자본주의'에 감정적 불만을 표출하고[19] 외부적이고 악한 어떤 존재에 책임을 전가함으로써 정신 내부에서 발생하는 모순을 부정한다.[20]

직업적 측면에서 개인의 삶은 대회 입상, 핵심

---

18  Cf. N. Heinich, *Etats de femme, op. cit.*

19  Eva Illouz, *Les Sentiments du capitalisme* [1997], Seuil, 2006.

20  Cf. N. Heinich, *Les Ambivalences de l'emancipation féminine*, Albin Michel, 2003.

요직 획득, 첫 출판과 같은 계기를 전후로 새롭게 전개된다. 사회심리학자 뱅상 드 골르작Vincent de Gaulejac은 『계급 신경증La Névrose de la classe』에서 시간(전후)과 위계적 직위 이동을 분석하면서 "사회적 이동은 주체로부터 출신 계급을 떼어놓고, 최초 지위와 새롭게 소속된 집단의 언어, 아비투스, 문화코드를 체득화한 주체를 분리시킨다. 주체의 분리는 생경한 두 세계의 분리와 일치한다."라고 언급한다.[21]

자기 연속성의 혼란은 '일치 혼란'이라고 부를 수 있는 정의의 혼란 속에서 그 모습을 드러낸다. 그것은 성별이나 직위와 같은 정체성의 두 구성 요소가 불일치하거나 나이, 성, 종교, 인종과 같은 정체성의 요소들이 어떤 '시기'에 불일치하여 초래된다.

상호작용론의 사회학자 해럴드 가핑클Harold Garfinkel이 연구한 '아네스Agnès의 경우'가 그렇다.[22]

21   V. de Gaulejac, *La Névrose de la classe, op. cit.,* p. 249.
22   Cf. H. Garfinkel, *Studies in Ethnomethodology,* Prentice Hall, 1967.

아네스는 해부학적으로 남자라고 명명되지만 여자라는 자기 인식을 한다. 그는 여자로서 소개하고, 인지되고, 명명될 수 있도록 열일곱 살이 되자 성전환 수술(남성의 정체성 감정에 행해진 폭력, 견딜 수없는 폭력을 끝내기 위한 육체에 가한 폭력)을 받는다. 그러나 10년 후 아네스에게 2차 성징 동안 여자가 '될 수 있는'('passing') 에스트로겐이 있었다는 사실이 밝혀졌고 의사는 이를 유전자 변이라고 설명했다. 자기 '소개'의 일치 노력은 성 정체성을 결정하는 순간들의 불일치로 야기되는 정체성 위기를 해결하고 자기 인식에 부합하는 명명을 찾고자 남몰래 육체적 변형까지 감행케 한다.

자기 연속성의 혼란과 일치의 혼란에 이어 마지막 세 번째 정체성의 혼란은 위계적 사회구조에서 개인에게 주어진 자질과 관련되어 있다. 주지하다시피 기대 지위와 그렇지 않은 지위 사이에 구조적 차이가 존재한다. 정체성이 낙인화의 경향을 띨 때 자신과 타인에 의한 인식 차이를 적절하게 최소화시키기란 쉽지 않다.[23] 전통 사회의 동성애자와 반유대주의 사회의 유대인의 경우가 그렇다. 동성애자의 정체성 혼란은 오히려 자기 인식(그렇다고 인식될 때의 명명)과 성 정체성을 감추는 소개(또는 낙인화가 경감될 때 동성애자로서 과잉 소개하거나 자신의 성적 정체성을 적극 실현) 정도의 차이에서 발생한다. 차별받는 유대인의 경우, 혼란의 정도는 자기 인식과 소개(숨김), 소개와 명명(다른 사람에 의해 드러날 때)의 경우뿐만 아니라, 유대인으로 생각하지 않지만 그렇게 명명되어 차별과 동시에 유대인의 고유한 정체성의 감정을 겪을 때(『오, 나의 형제여Ô vous frères humains』에서 어린 알베르트 코헨Albert Cohen 의 상황처럼) 자기 인식과 명명 사이에서 일어나기도 한다.

하지만 사회적 지위의 위계적 '표시'가 꼭 부정적인 것만은 아니다. 주체가 견디기 어려운 평가가 낙인의 자질에 보태지지만 평가의 속성이 긍정적

---

23  낙인화의 규범적 형태에 대한 어빙 고프만의 사회학 연구.
Erving Goffman, *Stigmate, op. cit.*

인 것일 수 있다. 작가라고 '말하는'(소개) 데 어려움을 느끼는 경우는 작가란 명명이 너무 명예스럽기 때문에 자신이 누구라고(자기 인식) 일치시키는 데 어려울 따름이다.[24] 유수 문학상 수상자들이 수상 자체를 정체성의 고통이라고 인식하지 않지만 급작스럽게 주어진 "위대성의 격차"(직업적 인정, 유명세, 돈)에서 고통을 겪으며 살아간다. 그 고통은 예전의 자신과 지금의 자신(연속성의 혼동), 정체성을 정의하는 다양한 요소(작가이지만 교사이며 집안의 가장: 일치 불안), 명명(위대한 작가)보다 초라한 자기 인식(자질의 혼동, 이 점에서 자기 스스로가 대상이 된다)에서 발생한 격차이다. 이 격차는 '불만의 병리학',[25] 불치의 '기만적 감정',[26] 절망의 형태로 주체에게 파고들 수 있다. 이것이 공쿠르Goncourt상 이후에 장 카리에Jean Carrière가 느꼈던 감정이다. "절망이 나

---

24  Cf. N. Heinich, *"Façons d'être écrivain"*, art. cit. ; *Etre écrivain, op. cit.*

25  알랭 에랭베르Alain Ehrenberg의 표현. *La Fatigue d'être soi, Dépression et société,* Odile Jacob, 1998.

26  Cf. Belinda Cannone, *Le Sentiment d'imposture,* Calmann-Lévy, 2005.

를 휘어잡았다. 나는 나의 능력보다 더 운이 좋았던 영광을 빨리 잊을 만한 충분한 재능이 없었다."[27]

하지만 자기 인식이 관계 속 명명에 놓이지 않으면, 완벽하게 긍정적인 자기 인식은 과대망상으로 빠질 수 있다. 타인과의 관계에서 가식적인 겸손한 소개와 엄청나게 대단한 자기 인식 사이에서 통제 불가의 이중화dédoublement를 겪지 않는 한, 자기 인식은 소개의 순간에 주체가 존엄성을 느끼고 명명과 일치를 유지하는 하는 데 실패하지 않을 것이다.[28] 정체성 위기의 관점에서 (문학과 과학상) 수상은 인정과 정체성의 고통을 다룰 때 딱히 문제적이지는 않지만, 정체성의 투명한 조건에 대한 가장 일반적인 질문을 다루려는 야망 찬 연구자들에게는 훌륭한 경험적 실험의 장을 제공할 것이다.

---

27    J. Carrière, *Le Prix d'un Goncourt,* Laffont/Pauvert, 1987, p. 158.

28    Cf. N. Heinich, *L'Epreuve de la grandeur, op. cit.*

# 7장

# 정체성의 혼란은
# 불치가 아니다

# 7장  정체성의 혼란은
# 불치가 아니다

"누군가가 자신의 이름을 잃고 머리카락을 잘리고 기억까지 할 수 없다고 생각해보자."[1] 이름과 얼굴을 잃고 기억을 상실하는 것은 타인과의 관계뿐만 아니라 자기 자신을 잃는 것이며 동시에 내가 되게 하고, 내가 누구이고, 내가 무엇인지에 대한 고유한 자기 정체성을 잃는 것과 같다.

하지만 인간은 집단 수용소의 극한 생활 속에서도 인간성이 파괴되는 데 저항했다. 사회학자 미카엘 폴락Michael Pollak은 탈옥자들의 증언을 모아 무엇이(가장 사소한 외양 변화까지) 정체성의 감정(이 자체로 생존 요소였던)을 지키는 역할을 했는지 보여줬

---

1    Primo Levi, *Si c'est un homme* [1947], Pocket, 1988.

다.[2] 신경쇠약이나 정신병처럼 정체성의 혼란이 불치라면 제거되거나 처방되어 때때로 소멸할 수 있는 것이므로 정체성은 그 자체로 무용한 것이 된다. 자기 정의, 자기 일치, 자기 확장의 노력은 정체성 재건에 어느 정도 효과적인 기술일 수 있지만 그것으로서 자기 존재를 인식할 수 없다. 정체성 재건에 필요한 완전하지는 않지만 인정되는 몇몇 방식들이 있다.

정체성의 혼란은 의식하지 못한 채 개인의 외적 요인에 의해 해결될 수 있다. 낙인화(동성애, 유대인)가 경감되거나 제거될 때, 해당 공동체의 지위 변화가 자기 인식, 표상, 명명의 과정에서 발생하는 왜곡 현상을 막을 수 있다. '인종' 피해자의 정체성의 경우, 피해자 1세대는 수치감으로 살아가지만 2세대는 공동체의 인식 변화와 생존자의 노력 때문에 '정치적'[3] 피해자로서 그들의 지위 회복이 가능하다. 외부 환경의 변화는 한 개인의 삶의 과정에서

---

2    Cf. M. Pollak, *L'Expérience concentrationnaire, op. cit.*

3    Cf. J-M. Chaumont, *La Concurrence des victimes, op. cit.*, p. 93-94.

일어나기도 하지만, 세대 이행 기간 동안 발생하여 정체성 혼란을 감소시키거나 해결할 수 있다.

외적 요인에 따른 정체성 회복은 공동체 차원만이 아닌 개인적 차원에서 발생할 수 있다. 타인에 의해 자신의 능력, 재능, 가치(예컨대, 부모와 자식 관계에서 존재 가치[4])를 인정받는 과정에서 개인의 위선이나 수치감은 회복된다.[5] 너무 빨리 누군가를 믿을 수 없는 존재로 여기거나 너무 오래 곪은 상처에 골을 싸매지 않고 주체의 고유한 가치를 찾아서 의미를 부여한다면, 명명은 단순히 직업적 승진이나 자기애보다 더 큰 상징적 의미를 제공할 수 있다. 명명은 반복적인 불안의 원인이자 비생산적이고 부적합한 행동의 근원인 정체성 조합의 불일치를 진정시키고 약화시켜 그것을 소멸하는 기능을 한다. 문학상과 과학상의 사례가 그것을 확인시킨

---

4    이 질문은 영국의 정신분석학자 도널드 위니콧Donald W. Winnicott에 의해 다루어졌다(*Jeu et réalité. L'espace potentiel* [1971], Gallimard, 1975).

5    인식 과정의 세 구성 차원(존경, 평가, 사랑)에 대해 cf. A. Honneth, *La Lutte pour la reconnaissance, op. cit.*

다. 수상 조건에 충족된 개인은 다양한 방식(자기 정체성, 타인을 향한 정체성, 타인에 의한 정체성)을 조합하여 자신의 위계적 지위를 받아들이고 인정한다. 반면 예외적이고, 의심스럽고, 시의적절치 않은 상은 절망이나 과대망상의 상태에 빠뜨릴 때까지 개인의 잠재적 불편을 강화한다.[6]

하지만 일반적으로 인정reconnaissance이 뜬금없이 도래하지 않는다. 그것은 주체의 노력에 따른 결과이기 때문이다. 비록 외적 요소와 관련될지라도 인정은 개인 노력과 연결되기에 확실히 개인화되어 있다. 인정에 의한 정체성의 재건은 외적이지 않고 정신분석의 치료처럼 종종 가장 내적인 자기 노력의 결과에서 정체성 회복 상태에 이를 수 있다.[7] 그

6　Cf. N. Heinich. *L'Epreuve de la grandeur, op. cit.* ; "The Sociology of Vocational Prizes : Recognition as Esteem", *Theory, Culture and Society,* vol. 26, n° 5, septembre, 2009.
7　정체성 문제에 대한 정신분석적 또는 정신의학적 접근 cf. Murray Bowen, *La Différenciation du soi. Les triangles et les systèmes émotifs familiaux* [1978], ESF, 1996 ; Alice Miller, *Le Drame de l'enfant doué. A la recherche du vrai Soi* [1979] PUF, 1983 ; Jessica Benjamin, *Les liens de l'amour* [1988], Métaillé, 1992 ; A. Ehrenberg, *La Fatigue d'être soi, Dépression et soiété,*

래서 정체성의 혼란을 꼭 말로 열거할 수 없더라도 개인은 정신과 의자에 앉게 된다. 아울러 정체성 재건은 말이 아닌 글로써 실현될 수 있다. 글은 작가들의 정체성 구성 요소이지만[8] 본디 개인성을 탐색하는 기능을 가지기에 모든 종류의 정체성 불안에 효과적인 방책이 된다. 샤를 페르디낭 라뮈Charles-Ferdinand Ramuz는 『저널Journal』에서 자신의 문체를 탐색하는 고통과 실험적 글쓰기에 대해 이렇게 말한다. "나는 나 자신을 규정하고, 나 자신을 결정하고, 내가 되는 것만큼 중요한 매력적인 이 임무에 사로잡혀 있다. 나는 생각하는 나의 밤과 나날들의 힘든 노력을 이것에 쏟아붓는다."[9]

우리는 앞서 다루었던 정체성 위기(정체성의 혼란, 정의의 혼란, 연속성의 혼란, 일치의 혼란, 자질의 혼란)에 대응해 정체성 상실의 몇몇 저항 기술을 정신분

op. cit. ; Didier Dumas, Sans père et sans parole. La place du père dans l'équilibre de l'enfant, Hachette, 1999.

8    Cf. N. Heinich, Etre écrivain, op. cit.

9    Charles-Ferdinand Ramuz, Journal, Grasset, 1945, 9 juin 1903, p. 94.

석학과 심리학 책에서 찾을 수 있다. 융Jung의 비밀은 "타인과 혼동되는 위험에서 보호"하는 기술인 셈이다.[10] 통제할 수 없는 '나의 발견'[11]에 대한 보호벽은 역설적이긴 해도 다양한 개인성이다. 정체성의 고통을 말하는 위대한 시인 페르난도 페소아Fernando Pessoa는 "나는 내가 누구인지 모른다. 어떤 영혼을 가졌는지조차 모른다. 내가 진심을 다해 말을 할 때, 내가 말하는 진심이 무엇인지 모른다. 나는 단순히 나일 뿐만 아니라 다른 어떤 것이기도 하다. 더구나 나의 존재를 확신할 수 없다."라고 말한다. 그는 작품 속에서 '이근동류hétéronyme'의 인물을 창조하고 이렇게 기록한다. "내 속에 수많은 존재가 있다. 내 존재가 모든 인간의 일부이듯, 나는

---

10   "타인과 혼동되는 위험에서 개인을 지키기 위해 원하든 원치 않든 지켜야 할 비밀을 가지는 것이 최고의 방법이다."(Carl G. Jung, *Ma vie. Souvenirs, rêves et pensées* [1961], Gallimard Folio, 1992, p. 388.).

11   Cf. Françoise Couchard, *Emprise et violence maternelles. Etude d'anthropologie psychanalytique,* Dunod, 1991, p. 160. 다양한 개인성의 혼란에 대해 cf. Iran Hacking, *L'Ame réécrite. Etude sur la personnalité multiple et les sciences de la mémoire* [1995], Institut Synthélabo, 1998.

내 속에 불완전하게 자리 잡은 거짓 자아에서 종합
된 나 아닌 나를 통해 타인의 삶을 산다."[12]

이제 존재 인식의 혼란이 아닌 정의의 혼란에 대
항하는 기술을 살펴보자. 자기 연속성의 기술과 관
련해 유전학 연구, '가족 소설'('출신 배경을 환상적으
로 복원'하는 소설),[13] 한 사람의 일생을 기록한 전기
가 사회적 출신과 관련하여 개인에게 미치는 기능
을 알 수 있다. 뱅상 드 골르작Vincent de Gaulejac에 따
르면 전기는 "선조에 대한 빚이고, 역사의 재구성
이며, 자기 성찰이고, 출신 지위와 현재 지위 사이
의 정체성을 통합하는" 기능을 한다.[14] 이 점에서
민족정신의학자(조지 데브뢰Georges Devereux, 토비 나
탕Tobie Nathan)들의 연구는 이민자 정체성 치료에 활
용되는 출신 배경의 용례를 잘 보여주었다.[15]

---

12  F. Pessoa, *Fragments d'un voyage immobile,* Rivages, 1990,
p. 95(trad. Rémy Hourcade).

13  Cf. N. Berry, *Le Sentiment d'identité, op. cit.*

14  V. de Gaulejac, *La Névrose de classe, op. cit.,* p. 101.

15  Cf. G. Devereux, "L'identité ethnique : ses bases logiques
et ses dysfonctions", in *Ethnopsychanalyse complémentairiste,*
FlammarionChamps, 1985 ; T. Nathan, *Nouvs ne sommes pas
seuls au monde,* Les empêcheurs de penser en rond, 2001.

자기 일치의 기술과 관련해, 우리는 자기 소개에서 나타나는 옷과 화장의 의미를 찾을 수 있다. 옷과 화장은 자기 인식과 명명 사이 또는 과거의 자기 인식에서 깨닫거나 타인과 접촉에서 갱신한 자기 인식과의 일치를 추구한 표현이다. 여성 정체성의 획득과 관련해 루이즈 웨이스Louise Weiss는 자신의 회고록에서 청소년기에 할렘 여성을 만난 이후 자신에게 결핍된 여성성을 어떻게 인식했는지 기록한다. "나는 달라지고 싶었다. 엄마에게 장신구를 사달라고 했지만 갖지 못했다. 나는 머리 모양을 새롭게 하고 블라우스에 꽃을 달고 선실로 돌아왔다. 그리고 창문을 통해 추하다고 생각되는 옷들을 죄다 바다에 던졌다. 옷들이 부풀려지며 바다에 빠지는 모양을 보면서 나는 이상하게 내 모습을 보는 것 같아 기분이 좋아졌다."[16]

부여된 부적합한 자질에 저항하는 방식에 있어 숨김, 제한적 평가절하, 낙인의 최소화(차별 상황의

---

16  L. Weiss, *Souvenirs d'une enfance républicaine*, Denoël, 1937, p. 165.

유대인과 동성애자)는 자기 인식과 일치하도록 명명
하게끔 하는 자기 소개의 기술이다. 개인은 비용이
들지언정 자기에게 필요하고 유리하다고 판단하
면 개명이나[17] 자기 이미지를 대단하게 포장해 '우
리 자신을 지키는 정체성' 종류의 나르시시즘(명명
이 아닌 자기 인식)을 가진다.[18] 정신분석학자 디디에
앙지외Didier Anzieu는 "종종 거식증에 걸린 젊은 모
델의 화려한 옷과 정신적 타락의 위험을 소지한 나
르시시즘의 광채"[19]를 지적한다. 그러나 반대의 경
우도 기억해야 한다. 인식되는 방식에 비해 주체가
지나치게 긍정적이게 인식하는 명명은 언급했듯이
기만의 감정이지만 역설적으로 자기비하의 방식(겸
손한 태도, 아래로 떨군 시선, 조용한 목소리, 튀지 않는
옷...)일 수도 있다.

끝으로, 정체성은 주체의 현재와 과거에 작용할

---

17  이 과정은 니콜 라피에르Nocole Lapierre에 의해 상세하게
연구되었다. *Changer de nom,* Stock, 1995.

18  Alberto Eiguer, *Du bon usage du narcissisme,* Bayard,
1999, p. 79. 나르시시즘에 대해 Cf. André Green, *Narcissisme de
vie, narcissisme de mort* [1980], Minuit, 1983.

19  D. Anzieu, *Le Moi-peau* [1985], Dunod, 1995, p. 149.

뿐만 아니라 현재인 것과 미래에 무엇, 더 나아가 미래에 되려는 것, 어느 정도 결정된 미래에 자신을 투사하는 데도 작용한다. 위대한 꿈, 미래에 유명해 질 것이라는 기대, 혹은 단순히 '우리 자신이 오롯이 되게 하는'[20] 소명의식은 정체성 문제에 다층적으로 개입한다. 하지만 소명의식은 누군가에게는 자기 존재의 가장 큰 부분이 될 수 있으나 다른 누군가에게는 아무 의미가 없는 개념이기도 하다.

---

20 "우리는 우리의 현재와 미래의 직업이 정말 우리의 것인지, 그것이 완전하게 우리 자신이 되게 하는 것인지, 우리의 질문에 응답할 것인지 알기를 원한다. 근대의 소명은 생의 윤리적 책무로서 등장하고, 이생은 소명의 장소이자 놀이이며 성공을 증명하는 잣대가 되었다. 소명의 기본 원칙은 성공한 인생이며, 성공한 인생은 개인이 실천한 것에서 인정받게 된다."(Judith Schlanger, *La Vocation*, Seuil, 1997, p. 27) 소명에 의거해 자신의 미래를 투사하는 정체성 방식의 문제에 관해 cf. N. Heinich, "Devenir écrivain : une construction vocationnelle de l'identité", *Raison présente*, n° 134, 2000.

# 8장                    정체성이란

# 8장 정체성이란

올바른 정체성 개념을 이해하기 위해 여러 가지 장애물을 간략하게 검토한 끝에 드디어 **무엇이 정체성의 개념인지**를 말할 수 있게 되었다. 그것은 이렇다.

**정체성은 서술어가 주어에 지정하는 것에 의해 작용하는 전체 결과이다**L'identité, c'est la résultante de l' ensemble des opérations par lesquelles un prédicat est affecté à un sujet.

지금부터 이 추상적인 정의문에 대한 분석을 시작할 것이다. 제시된 단어들을 조각조각 분해하면 무엇인가 좀 더 명료해지는 것을 알 수 있을 것이다.[1]

---

1    정체성의 정의문은 가치의 정의문에서 제공되었다. "가치란

첫째, 결과. 우리가 2장에서 살펴보았듯이 비록 표상 체계가 믿을 수 있고, 고정적이고, 합의적 사항이라고 여겨지는 객관적 요소(물질적, 생리적 요소 등)에 기반 할지라도 정체성은 행위자의 표상과 독립되어 존재하는 형이상학적 실체가 아니다. '실재'에 상응하지 않는다고 해서 정체성 개념의 수단적 효용성을 평가절하 할 수 없다. 정체성 개념은 어느 정도 체득화되고, 객관화되고, 제도화된 표상 전체에 일치하기 때문이다. 따라서 현실에서 공유되는 개념이라고 할 수 있다. 정체성은 열려 있고 발전적인 과정의 현상이기에 이와 같은 정체성을 인식하는 적절한 관점은 본질주의 사회학이 아닌 구성주의 사회학이라고 할 수 있다.

둘째, 전체. 우리가 5장에서 보았듯이 정체성은 일원적이 아니라 다원적이다. 그것이 다양한 요소에 기반 하기 때문이다. 실제 사람은 성별, 나이, 직업, 종교, 국적 등에서 구별되고, 국가와 같은 추상

---

대상에 지정된 평가에 따른 작용의 전체 결과이다."(cf. N. Heinich, *Des valeurs, op. cit.,* p. 170)

적 실체는 국경, 언어, 역사, 국기, 관습, 법 등에서
정의된다. 요컨대, 정체성은 복잡하고 다양하고 관
계적인 현실인 것이다. 이러한 정체성을 인식하는
데 타당한 관점은 결정적 사회학이 아닌 다양성의
사회학이다.

셋째, 작용. 정체성은 주어지지 않고 만들어진
다(비판적 구성주의 신봉자들이 말하는 '만들어지다'인
데, 그들은 만들어지는 것이 정확하게는 표상과 제도의
힘이라는 사실을 알지 못한다.[2]). 정체성은 무엇보다
공유된 정신적 표상이라고 말할 수 있다. 정체성은
사람들의 행위 방식(보고, 인사하고, 만지는 방식), 추
상적 실체(국가일 경우, 노래하고, 감흥하고, 상징물을
접하는 것), 상징화된 대상(책상의 위치, 옷, 깃발), 제
도화된 행정 결정(주민등록증, 신분증, 국제협약) 등을
통해 구현된다. 정체성은 어느 정도 개발된다고 할
수 있는데, 이것은 주체의 애착을 드러내는 감정적

---

2    이에 대해 부뤼노 라투르Bruno Latour는 "페티시즘의 근대적
의식에 대한 소고Petite réflexion sur le culte moderne des dieux
faitiches"에서 탁월하게 논증했다. Les Empêcheurs de penser en
rond, 1996.

표현(애국가를 듣고 눈물을 흘리는 것)에서 포착된다. 정체성은 추상적 상태를 전제하지 않고 상황 속 구체적 행위를 관찰함으로써 간파될 수 있다. 이러한 인식에 이해를 돕는 사회학적 관점은 실제 상황의 행위를 중시하는 실용주의 사회학이다.

넷째, 서술어. 우리가 4장에서 보았듯이 정체성은 다양한 자질 형태에서 구성된다. 개인 신분을 표시하는 고유 이름(이름, 성), 집단 정의에서 결정된 명사('남자', '여자', '교사', '작가'), 자질을 드러내는 형용사('젊은', '늙은', '큰', '작은'), 명사와 형용사에서 만들어진 서술어('프랑스인', '유대인', '파리지엔' 등)가 그러하다. 동사 역시 정체성을 드러내는 서술어 형태로 쓰인다. 작가는 직업을 묻는 사람에게 '나는 글을 씁니다.'라고 대답할 수 있다. 정체성을 인식하고 이해하는 언어적 접근 방법은 언어 문법을 활용한다. 정체성은 일련의 정체성 문법에서 연구된다. 매우 잘 알려진 '표현'으로 갈음하면 정체성은 언어처럼 구조화된다.

다섯째, 지정하다. 자기중심주의 입장과 달리 주체의 정체성(자기 인식이 가장 강력하게 내면화된 상태를 포함)은 언어와 타인과의 관계, 타인에게 보내어지고 다시 되돌아오는 자기 이미지를 통해서 자기 인식을 형성한다. 서술어를 지정하는 것은 공유하는 세계의 표상을 드러내는 것과 같다. 그래서 표상이 개인의 표상일 때조차 정체성은 순전히 개인적 현상이 아니다. 이에 대한 정체성의 적절한 사회학적 접근 방법은 상호작용론이다.

끝으로, 대상objet은 통상 추상적 실체(국가 정체성)와 사람, 사물(집의 정체성은 '큰', '비싼', '오래된' 등 그것을 지정하는 서술어에서 이해된다)을 포함한 모든 주체를 의미한다. 그런데 사물을 제외한 주체는 자기 소개만큼 자기 인식을 하는 자기 술어(옮긴이: 스스로에게 자기 말을 하는 역할)의 재귀 능력과 자신에게 되돌아온 명명에 대한 의견을 가지는 특성이 있다. 정체성의 작용 대상이 주체일 때 주체는 객관적 지위뿐만 아니라 주체가 사는 방식을 설명한다. 이 지점에서 정체성의 감정이 존재한다. 정체성의 감정에서 주체가 유지하는 고유한 정체성의 상태와 그것의 충족 및 위기 요소를 이해할 수 있다. 이에 대한 적절한 사회학적 관점은 이해 사회학이다.

우리는 정체성을 "취약한" 개념으로 생각하고 차라리 "내버리는"3 편이 낫다고 생각할 수 있다. 우리가 정체성을 구체적으로 정의하는 한 그것이 인간 존재를 구성하는 요소(미국의 유명 철학자가 "정체성 없이 실체도 없다"고 주장하듯4)라고 생각할 수 있기 때문이다. 정체성의 이해를 돕기 위해 또 다른 철학자(자신을 작가라고 여기는)의 말을 남겨둔다. "프루스트Proust가 『잃어버린 시간을 찾아서Recherche du temps perdu』에서 스완Swann에 대해 "각각의 존재는 사용설명서나 성서로 인식될 수 있는 물리적으로 동일하게 구성된 전체가 아니다. 우리의 사회적 개인성은 타인의 생각에 의해 만들어진다."라고 한 것처럼, 상상의 단일 실체가 부적합하고 존재하지 않아 사회적 퍼즐puzzle이 정체성의 자리를 차지하고 만 꼴이 되었다. 그렇다고 해도 나는 사회적 개인성이 자신의 연속성과 일관성을 인식할 수 있는 가장 확실한 지표라

---

3    Cf. H. Le Bras, *Malaise dans l'identité, op. cit.*, p. 92-93.

4    Willard V. Quine, cité par S. Ferret, *L'identité, op. cit.*, p.12.

고 생각한다."[5]

_____

5    Clément Rosset, *Loin de moi, Etude sur l'identité,* Minuit, 1999, p. 89.

후기

# 유대인의 시련$^{judéité[1]}$과 정체성

1970년대 말 내가 사회학을 시작했을 때 '정체성' 개념은 사회학 분야에서 아직 활발하게 연구되지 않았다. 나는 담론 속에 소개되는 정체성의 개념을 목도하며 이 단어의 쓸모와 의미를 이해하는 데 꽤 오랜 시간이 걸렸다. 또한 내가 정체성의 의미를 사용하고 이론화하려는 개인적인 이유를 이해하기까지 긴 시간이 필요했다. 왜냐하면 어떤 주제이든 그것에 사로잡힌 모든 연구자들은 아마도 그 주제에 자기 자신과 삶의 역사를 투사하기 때문이다.

정체성에 관한 내 관심이 비단 작고한 미카엘 폴락Michael Pollak(오스트리아 가톨릭 명문가 출신, 청

---

1    Texte publié dans *Etudes du CRIF*, hors-série "1944-2014", 2014.

소년기에 『밤과 안개Nuit et Brouillard』를 통해 그때까지만 해도 쇼아Shoah라고 명명되지 않았던 존재를 인지하고, 자신도 동성연애자로서 낙인된 사람들이 가진 심각한 '트라우마'를 경험함)과 1980년대 공동 진행한 포로수용소에서의 정체성 위기에 관한 연구 경험 때문만은 아니다. 그렇다고 불혹의 나이에 옷가게를 팔고 작가가 되겠다고 선언한 내 아버지가, 내게 가장 큰 근심거리였던, 대놓고 말할 만한 직업적 정체성이 없었다는 사실 때문도 아니다(물론 이때의 경험이 25년 후 연구자로서 작가들에게 던지는 첫 질문을 갖게 했다. "당신의 직업을 물을 때 당신은 어떻게 대답하나요?"). 내 박사 논문의 계기였던 엄마의 예술적 취향이나 예술가의 지위와 '예술가'라고 말하고 명명되는 조건에 대한 궁금증 때문도 아니었다. 또한 1990년대 초 '계승하지 않는 여자'의 삶을 이해하고자 여성의 정체성 연구를 진행할 때, '딸'이 '엄마'가 되고, '엄마'의 명예가 손상되지 않으면서 '할머니'가 되는 나의 엄마와 외할머니의 삶으로부터 내 삶을 단절했기 때문도 아니다.

이 모든 것은 이유가 아니다. 정체성 질문이 내

연구의 중심이 되었다면 그것은 이론적 질문이기도 했지만 실제 문제였기 때문이다. 정체성은 문제적 측면에서 존재하고 인식되며 정체성 결핍에 따른 부정적 의미를 내포한다. 그러나 잠정적 문제보다 더 심각한 것은 존재와 본질에 연관된 정체성의 위기이다. 정체성의 위기는 극단적 상황이나 극한의 고통, 지위 차이에 따른 혼란을 가져온다.

그렇다면 정체성 위기나 정체성 문제는 무엇에서 발생할까? 나는 여성의 정체성 연구에서 해답을 찾을 수 있었고, 정체성의 질문이 내게 어떤 의미가 있는지 알게 되었다. 정체성의 위기는 **자기 인식**autoperception, **소개**présentation, **명명**désignation의 세 순간이 불균형적일 때 발생한다.

이 세 모델은 내 생각에 정체성 이해에 부적합한 두 개념과 단절했다. 첫째, 누군가의 정체성에 대해 더 알려 하지 않는 일의적 의미를 가진 상식의 개념, 둘째, 30년간 점진적으로 인문사회과학에 안착한 이항의 개념이 그것이다. 그것은 내재성과 '자기pour soi' 정체성을 한 축으로, 외재성과 '타인pour autrui' 정체성을 다른 축으로 세웠다. 전자의 개념보다 더 궤변적인 후자의 개념은 두 가지 큰 결함을 가지고 있다. 첫째, 이항 개념은 '좋은' 정체성('개인적')과 '나쁜' 정체성('사회적')의 대립 구조를 만들고 그것의 암묵적 규범화를 완성했다. 둘째, 이항 개념은 '개인적' 정체성 내부에 존재하는 자기 이미지(자기 인식)와 타인에 대한 이미지(자기 소개) 사이에서 발생하는 분열을 무시한다. 이로써 **소개**, 타인에 의한 **명명**, 명명에 의해 지정되는 **자기 인식 속에서** 주체가 조절할 수 있고 과대평가와 과소평가 과정에서 **자기 소개**를 바꿀 수 있는 정체성의 모든 민감한 작동을 마비시킨다.

자기 인식의 주관적 순간과 타인에게 소개되고 타인에 의해 반영되는 객관적 순간의 비분리는 자기 인식(즉 '자기 정체성', '감지 정체성')이 우선이자 근본이 되는 정체성 형성을 막아버린다. 더불어 '사회적인 것'보다 '개인적인 것'을, 일상적 표현을 빌리자면, '집단이나 사회'에서 '개인'을 우선할 기회를 차단한다.

이 모든 것은 정체성에 문제가 없는 사람들, 다시 말해 세 순간 사이에 어떤 왜곡도 존재하지 않는 사람들에게(그들은 무엇이 문제인지조차 이해할 수 없을 것이다.) 무용해 보일 수 있다. 하지만 자기 인식, 소개, 명명이 불일치하는 사람들은 정체성의 질문이 존재한다는 것을 안다. "정체성은 존재하고 그 문제에 부딪쳤죠. 나는 정체성의 문제를 해결하기 위해 당신에게 물어볼 참이었어요. 혹시 해결 방법이 없을까요?"

완전한 해결책은 없으나 일련의 노력들은 고통스러운 것을 말하게 하고, 작동하지 않는 것을 움직이게 하고, 막힌 것을 뚫을 것이다. 정체성의 문제를 해결하거나 적어도 경감시키기 위해서는 자기 인식, 자기 소개, 명명 사이의 불일치를 줄여야 한다.

카테고리(성별, 성 정체성, 국적, 직업, 종교, 인종 등) 구분에 기반하여 '모든 사람들이 정체성의 문제를 갖지 않는다.'고 인식하는 방식은 문제적이다. 사고가 없는 한 법무사와 법무사 아들의 직업적 정체성, 신앙을 버리지 않는 한 가톨릭 국가에서 가톨릭 신자의 종교적 정체성, 정치적 사건이 없는 한 프랑스 국적의 부모를 가진 프랑스인에게 국가 정체성의 위기는 거의 발생하지 않는다. 정체성 문제의 핵심은 낙인이다. 소외, 열등, 박해의 상태가 자기 순간들의 왜곡을 만드는 가장 큰 원인이다. 왜냐하면 자격을 박탈당하거나 그러한 위험을 갖지 않기 위해 우리는 자기 인식과 상관없는 자기 소개를 만들고 의심 없이 명명을 받아들여 자기 인식을 만들기 때문이다.

지위에 부여된 부정적 표시는 자기 일치의 순간에 필요한 조건의 복잡성을 보여줌으로써 정체성의 세 순간에 대한 효용성을 부각시킨다. 자기일치는 존재의 정상 조건이 아닌 특권이나 복잡한 과정의 결과에서 단번에 달성되지 않을 때, 영원하거나 해결할 수 없는 위기가 아닌 비교적 견딜 만한 '정체성 감정'을 유지시킨다.

정체성 위기는 낙인을 가진 사회적 카테고리의 독점 영역이 된다. 동성애가 심각한 도덕의 파괴로 여겨졌던 예전 시대를 살았던(현재에도 여전한) 동성애자들과 유대인을 생각해보자.

여기서 나는 코르네유<sup>Pierre Corneille</sup>의 선택과 마주한다. 내가 쓴 것처럼 유대인을 대문자(Juifs)

로 적어야 할까? 아니면 소문자(juifs)로 적어야 할까? 다시 말해 유대인의 낙인 문제가 인종적 카테고리(대문자 J 사용)에 속하는 것일까? 종교적 카테고리(소문자 j 사용)에 속하는 것일까? 단어의 선택은 고전적 의미에서 정체성의 위기를 가진 카테고리(단어 자체에 내포된 함정 때문에 '커뮤니티'라고 말하지 않겠다) 특성을 내포한다. 낙인의 특성은 종교뿐만 아니라 민족에 의해서도 규정된다.

우리는 모두 유대인이 되는 다양한 방법(그러나 무한적이지는 않다)과 자기 인식, 자기 소개, 유대인(Juif/juif)으로 명명되는 방식(이 지점에서 우리의 재귀 능력이 요구된다)을 알고 있다. 유대인이 되는 것은 아마도 종교를 실천하고('이스라엘인'), 유대인 부모(율법을 지키는 엄마)가 있고, 고래로부터 유대인의 이름(아버지)을 가지고, 유대인의 관습(최소의 원칙)을 실천하고, 유대인으로 명명되어 부당한 처우를 받고(『유대인 질문에 대한 성찰Réflexions sur la question juive』에서 사르트르Sartre가 주장한 지금은 낡아버린 논리), 키파나 가발을 쓰기 때문이거나 아니면 스스로가 유대인이라고 생각하기 때문일 것이다.

유대인의 정체성은 복잡한 층위로 이루어졌다. 그것은 단순히 애매한 낙인, 자기 순간들의 불일치뿐만 아니라(전쟁 말기 '유대인'으로 밝혀지는 순간 즉시 체포되어야 했던 비극처럼) 정도의 다양성, 유대주의, 종교적 실천, 출신의 다양성(문화, 부계혈통의 성, 방언, 육체적 표시, 음식, 의복 등)에 의해 복잡하게 구성되어 있다.

이 중 무엇이 최악일까?

나는 "최악이 있다."라고 말하고 싶다. 한 부모만을 유대인으로 가졌을 때 유대인 세계에서 정체성의 혼란은 악화된다. 왜냐하면 유대인 엄마와 비유대인 아빠(유대인이기 때문에 유대인이 되는 경우, 비유대인의 이름을 물려받기 때문에 비유대인이 되는 경우), 유대인 아빠와 비유대인 엄마(전통주의자들 입장에서 유대인이기 때문에 비유대인이 되는 경우, 유대인의 이름을 물려받기에 비유대인이 유대인이 되는 경우)에 따라 유대인 되는 모든 차이를 우리는 알기 때문이다. 요컨대 우리는 숨겨진 진짜 유대인이 될 수 있고, 유대인으로 명명된 가짜 유대인이 될 수 있다.

농담처럼 들릴지 모르겠지만 이것이 유대인의

삶이다.

유대인으로 명명되는 가짜 유대인, 이것이 나의 경우이다. 나는 외가가 아닌 친가의 유대인들과 많은 관계를 가진다. 이러한 현상은 여자에게서 한층 더 두드러지는데 정체성을 표시하는 육체적 할례조차 없기 때문이다. 진짜 유대인인 나의 아빠는 양가에서 우리로서 거부되었고 어느 쪽에도 완전하게 소속되지 못했다.

그래서 내가 유대인으로 느끼고 유대인이라고 말하는 데 오랜 시간이 걸린 게 놀라워해야 할 일인지 모르겠다. 우리 가족이 가족의 불화를 만드는 이 주제를 피함으로써 이 질문은 우리에게서 사라졌었다. 게다가 나는 종교가 없고(그래서 나는 '대문자 유대인(J)'이라고 적는다), 성경도 읽지 않았고, 내가 성인이 되어야 조금 알게 된 의례도 잘 모른다.

유대인의 깊은 고통을 안은 채 오랜 시간 정체성의 질문을 이해하기 위해 그것을 생각하고 연구한 나의 노력이 놀랍지 않은가?

# 나와 타자를 인식하는 사회적 시선

『정체성이 아닌 것Ce que n'est pas l'identité』(2018년)은 정체성이 무엇이고 어떻게 쓰이고 있는지에 대한 용례를 설명한 책이다. 책의 저자 하이니히 Nathalie Heinich는 정치와 철학의 관점에서 잘못 사용하고 있는 정체성 개념을 비판하고, 인류학, 사회학, 사회심리학, 역사학, 민속학과 같이 다양한 학문영역에서 생산된 정체성의 의미를 종합 정리하여, 정체성이 아닌 것에서 정체성의 구성 논리를 제시한다. 정체성 구성은 자기 성찰, 자기 인식, 자기 행위 결정에 직결되어 있고 인간 소외를 인식하는 방법이 된다. 사회가 개인에게 낙인과 지배적 시선을 부여할 때 정체성의 위기가 생기며 사회 구성원들은 존재적 고통을 느끼고 집단 갈등을 일으킨다.

1.

정체성이란 무엇인가? 정체성을 정의하고 인식하고 적용하기란 간단하지 않다. 정체성은 물렁물렁한 무엇이 아니다. 정체성을 구성하는 기억은 추상적이지 않다. 기억은 구체적인 인체 기관인 뇌와 물질에 근거한다. 그렇다고 정체성이 관찰되는 물질적 실재도 아니다. 예컨대 국가 정체성은 실재는 아니지만 국가 정체성을 구성하는 개인들의 감정, 제도, 법률, 도덕, 가치 등이 환상인 것도 아니다. 정체성은 사회적 관계 조건에서 타인에 의한, 타인을 위한, 자신을 위한 존재 방식의 구성물(편집물)이며 단단히 구조화되는 경험의 소산이다.

이 책에서 말하고 있는 정체성이 무엇인지 알고자 한다면 우선 '정체성이 구성물'이라는 정체성 이론의 기본 전제를 이해해야 한다. 정체성은 인문 · 사회 · 자연과학 영역에서 생산되고 축적되어진 방대한 이론의 총합이다. 따라서 정체성 개념을 처음 접하는 사람들이나 각 전공분야에 국한된 지식을 가진 사람들은 정체성의 개념을 이해하는 데 어려움이 있을 수 있다. 정체성이 구성물이라는 전제를 이해하는 것은 정체성 개념을 간파하는 것이며, 이 책의 저자가 어떤 방식으로 정체성을 구성하고 다른 책과 차별성을 가지는지 판단할 수 있는 척도가 될 것이다.

정체성Identité의 단어에는 두 가지 상치되는 의미가 있다. 존재 자체라는 의미와 두 가지의 것이 동일하다는 유사성의 의미이다. "한 단어 속에 완전히 반대되는 두 의미(차이, 유사)를 가지는 정체성의 단어는 의미론과 존재론의 입장에서 엄청난 인식의 어려움을 일으킨다."(본문 58쪽) 결국, 정체성이란 유일성의 개별적 특성과 타인과 사회가 함께 공유하는 공통의 특성을 포함하는 것으로 정의될 수 있다.

출생 때부터 불리는 이름이 상징하듯 개별성, 유일성, 단일성의 의미에서 정체성을 이해해보자. 인간은 타인이 아닌 나, 유일성의 나를 가지기 위해 치열하게 자신과 투쟁한다. 생텍쥐페리Antoine De Saint Exupery의 『어린 왕자』에서 '나'는 실용적인 존재(신장, 직업, 부모, 저축한 돈)로서 인식되고 인식하는 나이기를 거부하고 욕망하는 나로서 내가 누구인지를 알고자 한다. 브르통Andre Breton의 『나자』에서 '나'는 나를 더 특이하고 더 필연적이게 만드는 무엇인가로부터 유일성의 나를 갈구한다. 요컨대, 존재론적 관점에서 정체성은 타인과 다른 차별성의 정도에 따라 유일성의 나를 발견함으로써 내가 누구이고 무엇인지 아는 질문이다.

타인과 사회가 함께 공유하는 공통적 특성을 가진 정체성을 이해하는 데 사회학의 관점은 유효하다. 사회학이 질문하는 정체성은 개인적 존재와 사회적 존재의 입장을 구분하고 나와 우리를 구분하는 질문이기 때문이다. 사회학적 관점에서 유일성에서 규정되는 개인적 존재는 사회적 존재와 분리될 수 없다. 나는 사회의 구성원이며 사회적 집단에 소속되어 타인과 함께 살아간다. 사회적 관계의 나는 시공간 속에서 소속 집단의 고유한 문화, 정신, 가치, 지식을 공유한다. 나는 어느 정도 나를 확실히 나타내 주는 객관적 요소에서 구성된다. 나이, 직업, 소속 집단, 소속 국가와 같은 객관적 요소는 내가 누구인지를 표시하는 요소인 것이다.

이렇듯 객관적 요소 즉 법, 제도, 가치, 도덕 질서와 같은 집단적 표상 체계는 사회적 개인을 구성하는 요소이며 이에 대한 이론은 19세기 뒤르켐Emile Durkheim에 의해 본격적으로 다루어졌다. 20세기의 고프만Erving Goffman은 사회적 카테고리에 따라 정형화되어 타인에 의해 인식되는 사회적 자아 개념을 설명했다. 요컨대, 사회적으로 공유된 특성을 가진 사회적 존재로서의 개인은 외부 세계의 객관적 현실에 영향을 받는 존재이며, 타인과의 관계를 통해 '사회적'인 나의 정체성을 구성한다. 철학자 아렌트Hannah Arendt가 『인간의 조건』에서 표현하듯 '타자의 존재가 행동의 조건'에서 결정되며, 언어학적 관점에서 개인화 된 대명사를 가진 개인이 집단이 만든 명사를 획득한 상태가 되는 것이다. 개인 정체성은 사회적 관계에서 "구성"된다.

이 책의 저자는 사회학의 이원적 정체성 구성에서 한발 더 나아가 삼원적 정체성 구성을 제시한다. 주체는 타인의 시선에서 요동친다. 개인은 스스로의 내면화 작용을 통해 나의 가치(기억, 지식, 경험,

감수성)와 타인의 요소를 뒤섞는다. 따라서 정체성이 단순히 타인의 시선에 의해 수동적으로 구성될 수 없다. "(타인에 의한) 명명désignation, (타인을 향한) 소개présentation, (자신을 향한) 자기 인식autoperception의 세 순간이 구별될 때, 우리는 정체성의 미묘한 작용 방식을 알 수 있다. 왜냐하면 주체는 타인에 의한 명명을 자기 소개에 사용할 수 있고, 명명에 따른 자기 인식을 가질 수 있고, 자기 소개를 변형하여 자기 인식을 할 수 있기 때문이다."(본문 83쪽) 저자는 정체성 구성의 세 순간을 구분함으로써, 성찰할 수 있는 능력을 가진 주체의 내면화 과정에 주목하고, 주체가 타인이 부여하는 의미와 자신이 부여하는 의미 구성 능력을 강조하고 있는 것이다.

한편, 사회적 관계에 의해 구성되는 정체성은 개인의 정체성 위기를 발생시킬 수 있다. 정체성 구성의 세 요소인 명명, 소개, 자기 인식이 불일치할 때 개인은 "고통, 긴장, 분쟁"(본문 83쪽)을 느끼고, 자기 정의, 자기 일치, 자기 연속성, 자기 자질에 대한 정체성 혼란을 가진다. 하지만 정체성의 위기는 개인과 외부적 상황의 변화로 해결될 수 있는 성질의 것이므로 치료 불능의 성질은 아니다.

결론적으로 우리가 인식해야 할 정체성이란 주어지는 것이 아닌 표상 관계에 따라 상호관계 속에서 개인에 의해 선택되는 구성물이란 점이다. 이것은 우리에게 매우 의미 있는 인간 존재 원칙과 정체성의 사회적 역할을 일깨워준다.

첫째, 정체성은 내가 무엇인지 알기 위해 치러야 하는 사회적 시선과의 투쟁으로서 주체의 정체성 구성 방식은 사회적 낙인을 수용하는 위험을 저지하는 기능을 한다. 정체성의 잘못된 쓰임과 사회적 낙인을 거부하는 싸움은 인간 지성의 정제된 역할을 끊임없이 필요로 한다. "정체성 개념을 정치적 영역에 축소하는 데 친숙한 미디어의 영향이 강화될수록 지성의 반비례 정도는 강화된다."(본문 26쪽) 인간 지성의 성숙은 정체성 구성의 자기 성찰, 자기 인식 능력과 직결되며 사회적 낙인을 극복할 수 있는 내성과 같다.

둘째, 정체성은 하나가 아니며 고정불변도 아니다. 개인은 자기 자신을 관찰 대상으로 여기며, 일상의 사유와 노력을 통해 나의 정체성을 만들어

갈 수 있다. 나란 존재는 표상에 따라 내 의지대로, 믿고 싶은 대로, 생각하고 싶은 대로 자의적으로 결정할 수 있다. 이러한 정체성의 다양성과 다변성을 인정하지 않는다면, 인종주의, 민족주의, 종교 근본주의, 세계적 테러리즘과 같은 심각한 폭력에 저항하는 인간 능력은 심각하게 훼손된다. 정체성 구성 능력은 상이한 정체성 중 우선순위를 정함으로써 발생하는 인류의 불행을 저지한다.

2.

정체성 논의는 국가마다 역사적으로 다뤄진 문제의식이 달라 논의의 깊이가 일괄적일 수 없다. 그래서 한국 사회는 서양 사회에서 풍부하게 논의되는 정체성 개념과 용례에 생경함을 느낄 수 있다. 한국 사회는 정체성 논의에 무딜 수 있는 사회일까? 에드가 드가Edgar Degas의 자화상이 서양 미술관에 걸려 있듯, 상투를 튼 검은 머리, 푸르게 빛나는 하얀 한복, 파르르한 갓을 쓴 양반님의 초상화는 한국 미술관에 있다. 나는 서양 사회에서 논의되는 정체성의 위기 개념이 한국 사회에 숨겨진 다양한 사회적 낙인 현상과 공동체에 상처받은 사회적 집단을 설명해줄 것이라고 생각한다.

첫째, 민족과 문화와 같은 공동체 실체에 가해지는 사회적 낙인에 따른 정체성의 위기. 2021년 3월 미국 애틀랜타에서 발생한 한인 테러는 코로나19 팬데믹 원인을 동양과 동양인에게 전가하여 공동체와 개인 실존에 가한 전형적인 정체성 폭력 사건이다. 아시아와 동양인을 향한 서양인의 틀린 시선은[1] 인종과 종교 문제에 다소 자유로웠던 동양인들을 인종주의와 테러리즘의 대상으로서 만천하에 공표하게 된 사건이었다.

둘째, 자기 인식, 소개, 명명의 순간에 개인에게 발생하는 정체성의 위기. 지위 차이에 따른 자기 정의, 자기 일치, 자기 자질에 대한 정체성 혼란이 얼마나 문제적일 수 있느냐를 경험한 나의 일화이다.

---

1    바이러스와 백신 접종에 대한 불신은 최소 1800년대부터 백신 음모론과 함께 해결되지 않은 미국 사회의 고질적 문제였다. 이번 한국인 테러는 면역에 대한 미국인의 인식과 관련된 사회구조적 문제가 인종 범죄로 표출된 비극이라고 생각할 수 있다.

나는 애초 프랑스 유학길에 올랐다가 프랑스 이민자 신분으로 한국 기업에 현지 채용되어 몇십 년간 일한 베테랑 한국인과 인터뷰를 하게 되었다. 면담자는 스스로 완벽한 기업 구성원(정신적, 가치적, 법적)으로서 자기 소개를 했고, 담당 업무 책임자답게 확신에 차고 적극적인 자세로 객관적 사실을 묻는 질문에 대답했다. 하지만 열정적이고 합리적인 직업인의 모습은 타인에 의해 명명이 발생하기 전까지 가능한 것이었다. 인터뷰 중 자신보다 지위가 높은 파견 한국 상사가 개입했을 때 면담자의 발화 내용은 대부분 거짓이었기 때문이다. 면담자는 스스로가 이곳에서 매우 중요한 사람이며, 기업과 상사에 의해 정당하게 인정을 받으며, 자신의 삶과 노동에 대한 만족도가 매우 높고, 합리적이고 만족스러운 노동 환경이라고 설명했지만, 상사와의 관계에서 명명, 소개, 자기 인식을 확인하게 되었을 때 왜곡과 기만의 일색이었다. 면담자는 프랑스로 파견 나온 한국 상사들과 오랜 기간 기업 일을 하며 전문가임이 틀림없었으나 조직 위계 구조에서 실질적 권력 행사와 소속감을 보장받지 못함으로써 그 결과 뒤틀린 자기 소개, 기만적 자기 인식, 왜곡된 사실을 가지게 되었다. 지위 차이에 따른 정체성 혼란을 "느끼고", "생각하고", "말할 때"의 고통을 해결할 유일한 탈출구는 왜곡된 자기 정체성의 구성이었다. OECD 국가 중 정규직과 비정규직의 불평등 격차가 가장 큰 한국의 노동 조건에서, 특히 직업적 성공과 명예에 각별한 의미를 부여하는 한국인의 정서에서, 대한민국 직장인들이 겪는 정체성 위기는 우리 사회가 숨겨놓은 아킬레스건과 같은 것일 테다.

정체성 문제를 가장 적나라하게 드러내는 한국적 현상은 '혐오' 논쟁이다. 우리 사회의 혐오 대상은 다종다양하다. 여성, 장애인, 성소수자, 이주노동자 등 사회적 혐오 대상은 출신 지역, 출신 학교, 부의 크기, 직업, 성별의 유무에 따라 이른바 갑질 형태로서 사회적 낙인을 안착시켰다.

직급이 높은 상사가 직원들에게 행사하는 욕설과 폭력, 부를 과시하는 소비자가 판매 직원의 무릎을 꿇게 하는 인권 위해, 코로나19 사회적 격리 조치에 따라 배달 주문이 폭증하자 선민의식을 가진 아파트 주민들이 배달원들의 엘리베이터 사용을 금지하고 계단 사용을 요구하는 일들은 신분제 사회의 예속적 행위 규칙의 재현으로서 직업적 역할과 개인성 사이에서 자기 인식과 행위 결정의 정체성 혼란을 초래할 수 있다. 사회연결망(SNS)에 몸을 숨긴 익명의 사람들이 첨예하게 대립하는 남녀 권리, 한국인 특유의 흥분이 뒤섞여 활개 치는 인신공격, 신상털이, 막말 일색, 좌와 우의 정치적 편 가르기는 집단 간 배타성과 집단의 사회적 낙인을 조장한다. 각자도생의 경쟁 사회에서 타인을 배려할 줄 모르거나, 혹은 "의도적으로" 배려하지 않으려는 적대성은 나와 타자를 인식하는 관계의 미성숙을 증명하는 것이자 우리 사회에 숨어 있는 개인들의 심각한 정체성 위기를 반증하는 것이다.

정체성 문제는 사회의 새로운 패러다임 구성 수준과 관련되어 있다. 나는 공중목욕탕에서 러시아계로 보이는 사이좋은 노랑머리 모녀를 만난다. 열너덧 살의 한국말이 모국어가 된 소녀는 다소 주춤거리는 엄마에 비해 행동이 빠르고 엄마의 행위 결정에 적극적이다. 소녀는 쾌활하고 당당하다. 다문화 가정에 대한 우리의 즉각적인 고정 관념은 아이들이 부모 간의 폭력을 목격하고, 한글을 잘 읽지 못하며, 학업 수행력이 떨어지고, 가난하다는 것이다. 통계 지표는 우리의 고정관념을 증명한다. 20여 년간 정치적, 법률적 한계를 가지고 시행되는 다문화 가정 제도도 우리의 선입견을 든든하게 떠받쳐준다. 대학생들의 과제조차 20여 년간 이들에게 낙인 되어온 레퍼토리의 나열이다. 그 어떤 것에서도 다문화 가정에 대한 변화된 시간성은 찾을 수 없다.

그런데 사회가 다문화 가정의 아이들을 가능성의 존재 즉, 한국인과 다를 바 없이 곳곳에서 재능을 발휘하고, 2개 국어의 능통자일 수 있으며, 복수 문화 접촉으로 확장된 세계관을 가질 능력자라는 데에 의미를 부여하는 패러다임을 "의지적으로" 갖는다면, 사회적 낙인에 대한 변화를 유도할 수 있는 가장 자연스러운 방법이 되지 않을까? 명명, 소개, 자기 인식의 정체성 구성은 객관적 조건뿐만 아니라 타인과의 관계를 지속적으로 유지하며 서로에게 인정받고 사랑받는 존재라는 감정의 확신과도 연결되어 있기 때문이다.

내친김에 우리에게 다가올 미래의 정체성 위기
에 대해 상상력을 펼쳐보자. 시간을 가늠하기 어려
운 대한민국의 통일. 통일 이후의 국가 정체성은 국
가와 국민 조건이 바뀌는 주체들에게 자기 일관성,
자기 정의, 자기 자질에 대한 정체성 혼란을 야기할
것이다.

우리가 우리에게 숨겨지고 언급되지 않는 정체
성의 문제를 톺아봐야 할 이유는 정체성이 나와 타
자에 대한 인식과 관계 성립의 문제로서 사회적 낙
인의 문제가 나의 삶을 지옥이나 혹은 천국으로 만
들기 때문이다.


3.


이 책의 저자 하이니히는 1955년 프랑스 마르
세이유Marseille 유대인 가정에서 태어났다. 1981년
파리 사회과학고등교육원(EHESS)에서 예술과 예
술가의 지위에 대한 연구로 사회학 박사 학위를 받
았을 때 그녀의 지도 교수는 부르디외Pierre Bourdieu

였다. 하지만 부르디외의 영향보다 엘리아스Norbert Elias의 역사 사회학, 볼탕스키Luc Boltanski의 정치 사회학에 관심을 가지고 주체의 지위 및 정체성 문제를 사회과학사와 인식론, 가치 사회학 등에 확장시켜 연구했다.

정체성 연구의 신뢰성과 저자의 이론적 뿌리는 광범위한 참고 문헌(본문 165~183쪽)에서 파악된다. 사회학은 언제나 사회적 관계 속에서 형성되는 개인 존재의 인식 방식에 대해 질문했다. 개인성 발달은 사회학이 태생적으로 품은 질문이다. 그러므로 저자는 정체성이 개인 인식에 숨겨진 상태에서 개인 인식을 지배한다고 주장한 고전 사회학자 엘리아스를 스쳐 갈 수 없었을 것이다. '공화국', '국가', '프랑스'의 단어에 잉태된 프랑스의 정체성 문제를 다룬 노라Pierre Nora(1984~1992, 2010), 정체성 위기와 혼란에 주목한 핑켈크로트Alain Finkielkraut(2013)의 최근 이론까지 정체성 이론을 농밀하게 섭렵해야 했을 것이다.

유럽 지식과 함께 저자의 정체성 구성 이론은 미국 사회학에 크게 의거하고 있다. 정체성을 다루는 대부분의 학자들이 그러하듯 하이니히 역시 상호작용론의 고프만(1963, 1973, 1975) 이론을 배경적 이론으로 삼고 있다. 장애인이 어떻게 타인에 의해 인식되는지를 관찰하며 사회적 관계에 의한 개인의 정체성 결정 방식을 보여준 고프만에게 비판적 영감을 얻은 저자는 타인에 의해 자신을 소개하고, 타인에 의해 인식을 부여받는 순간을 구분하며 자기 인식의 세 순간(명명, 소개, 자기 인식)을 구성하였을 것이다.

　미국의 상호작용론이 정체성 이론 성립에 영향을 줄 수밖에 없는 학문적 풍토로서 미국 이민 사회학의 발달을 들 수 있다. 20세기 세계대전 전후 유럽의 지식인들은 독일 나치를 피해 미국행 이민을 선택했고, 유럽 지식인들에 의해 미국에 소개된 유럽 사회학은 시키고 대학을 위시하여 이민자들에 의한, 이민자를 위한 정체성 연구를 발달시켰다. 근대 국가 형성기 공화주의 사고관을 강조했던 프랑스와 달리, 인디언 부족 사회와 이민 사회에 대한 경험주의 사회학의 발달은 문화권이 달라지면서 개인 스스로가 인식하는 정체성과 공유된 정체성의 차이를 경험한 개인에 대한 민감한 정체성 이론 분석을 낳을 수 있었다.

이 책의 압축된 방대한 이론에 읽기의 어려움을 가진다면 '8장 정체성이란' 부분을 가장 먼저 읽어도 좋다. 무엇이 정체성인지 종합적으로 완결 정리했기 때문이다. "정체성은 서술어가 주어에 지정하는 것에 의해 작용하는 전체 결과이다."(본문 127쪽) 저자는 정체성 개념에 잘못 덧씌워 사용하고 있는 정체성 용례를 먼저 보여준 후 진짜 정의, 즉 주체가 인식하고, 스스로 소개하고, 타인에 의해 되돌아오는 것으로서 규정하고 있다. 증명해야 하는 명제를 우선 부정하고(정체성이 아닌 것) 모순되는 내용을 보여줌으로써 참의 명제(정체성이란)를 드러내는 귀류법이다. 하이니히가 규정한 정체성의 정의문은 의외로 간략하다. 언어학적, 상호작용론적, 가치론적, 구조주의적, 인식론적 사회과학 논리로부터 개요 형태의 정의문을 내놓았기 때문이다. 정체성의 모든 고려된 의미들을 뒤로하고, 성찰하는 주체와 사회적 관계에 의해 주체에 부여되는 특징을 강조하려는 요량으로서 이 정의문은 기능적이다.

하이니히는 오늘날 프랑스 언론과 학계의 큰 주목을 받고 있다. 그녀가 프랑스 국가가 수여하는 최고의 명예 훈장 '레지옹 도뇌르 슈발리에 훈장'(2012년)을 수상하고, 여성기자연합의 '세브린 상Séverine Prix'(1996년),[2] 프랑스 아카데미가 과학 영역에 수여하는 '몽티용 상Prix Montyon'(2015년),[3] 라디오 프랑스Radio Frace의 '페트라르크 상Pétrarque Prix'(2017년)[4]을 수상하는 영예를 안았기 때문이다. 하지만 저자의 수상 경력이 우리가 정체성을 성찰해야 할 본질적인 이유를 설명하지 않는다.

정체성은 성찰하는 인간과 성찰된 내용을 공유한 사회 집단에 대한 이야기이다. 각자도생의 치열한 경쟁 구조, 심각해지는 환경, 기술력 발달에 제한된 인간성과 같은 오늘날의 삶의 조건에서 개인은 새로운 방식의 자기 인식과 자기 행위 결정의 문

---

2    『여성의 신분Etats de femme』
3    『현대 예술의 패러다임Le paradigme de l'art contemporain』
4    『가치들Des valeurs』

제에 부닥친다. 정체성은 개인적 삶과 사회적 삶의 행복을 위한 '존재 인식에 대한 자유', '나와 타자에 대한 자유'에 관한 사회적 합의의 문제로 공유되어야 할 우리의 이야기이다.

2021년 4월의 임지영

AMSELLE, Jean-Louis, *Les Nouveaux rouges-bruns. Le racisme qui vient*, Paris, Editions, Lignes, 2014.

ANDERSON, Benedict, *L'Imaginaire nationale. Réflexions sur l'origine et l'essor du nationalisme* [1983], Paris, La Découverte, 1996.

ANZIEU, Didier, *Le Moi-peau* [1985], Paris, Dunod, 1995.

ARENDT, Hannah, *Condition de l'homme moderne* [1958], Paris, Calmann-Lévy, 1983.

ARON, Raymond, *Essais sur la condition juive contemporaine*, Paris, Tallandier, 2007.

BADINTER, Elisabeth, *XY. De l'identité masuline*, 1992, Paris, Livre de poche, 1994.

BALIBAR, Etienne, WALLBERSTEIN, Immanuel, *Race, nation, classe : les*

*identité ambiguës*, Paris, La Découverte,
1988.

BAYART, Jean-François, *L'Illusion identitaire*,
Paris, Fayard, 1996.

BECKER, Howard S., *Outsiders* [1963], Paris,
Métailié, 1989.

BENJAMIN, Jessica, *Les liens de l'amour*
[1988], Paris, Métailié, 1992.

BENMAKHLOUF, Ali, *L'Identité, Une fable
philosophique*, Paris, PUF, 2011.

BENVENISTE, Emile, *Vocabulaire des
institutions européennes*, Paris, Minuit,
1969.

BERGER, Peter L., LUCKMANN Thomas, *La
Construction sociale de la réalité* [1966],
Paris, Méridiens-Klincksieck, 1986.

BERLINER, David, "On exonostalgia",
*Anthropological Theory*, 14(4), 2014.

BERRY, Nicole, *Le Sentiment d'identité*, Paris,
Editions universitaires, 1987.

BOURDIEU, Pierre, *Esquisse d'une théorie de
la pratique*, Genève, Droz, 1972.

___, *La Distinction. Critique sociale du jugement*, Paris, Minuit, 1979.

___, "L'illusion biographique", *Actes de la recherche en sciences sociales*, n° 62-63, juin 1986.

BOUVET, Laurent, *L'insécurité culturelle. Le malaise identitiare français*, Paris, Fayard, 2015.

BOWEN, Murray, *La Différenciation du soi. Les triangles et les systèmes émotifs familiaux* [1978], Paris, ESF, 1996.

BRAUDEL, Fernand, *L'identité de la France,* Paris, Arthaud-Flammarion, 1986.

CAMILLERI, Carmelo *et alii, Stratégies identitaires,* Paris, PUF, 1990.

CANNONE, Belinda, *Le Sentiment d'imposture,* Paris, Calmann-Lévy, 2005.

CARRIERE, Jean, *Le Prix d'un Goncourt,* Paris, Laffont/Pauvert, 1987.

CHATAURAYNAUD, Francis, *La Faute professionnelle, Une sociologie des conflits de responsablitié au travail,* Paris, Métailié,

1991.

CHAUMONT, Jean-Michel, *La Concurrence des victimes. Génocide, identité, reconnaissance,* Paris, La Découverte, 1997.

COHEN, Albert, *Ô vous frères humains,* Paris, Gallimard, 1972.

COUCHARD, Françoise, *Emprise et violence maternelles. Etude d'anthropologie psychanalytique,* Paris, Dunod, 1991.

DAMASIO, Antonio R., *Le Sentiment même de soi. Corps, émotions, conscience* [1999], Paris, Odile Jacob, 2002.

DARDY, Claudine, *Identités de papiers,* Paris, Lieu commun, 1991.

DE COCK, Laurence, MEYRAN, Régis, *Paniques identitaires. Identité(s) et idéologie(s) au prisme des sciences sociales,* Vulaines-sur-Seine, Editions du Croquant, 2017.

DE LEVITA, David J., *The Concept fo identity,* Mouton, 1965.

DEMAZIEBRE, Didier, DUBAR, Claude, *Analyser les entretiens biographiques. L'exemple de récits d'insertion,* Paris, Nathan, 1997.

DESCOMBES, Vincent, *Les Embarras de l'identité,* Paris, Gallimard, 2013.

DEVEREUX, Georges, "L'identité ethnique : ses bases logiques et ses dysfonctions" in *Ethnopsychanalyse complémentariste,* Paris, Flammarion/Champs, 1985.

DUBAR, Claude, *La Socialisation. Construction des identités sociales et professionnelles,* Paris, Armand Colin, 1991.

\_\_\_, *La Crise des identités. L'interprétation des mutations,* Paris, PUF, 2000.

DUMAS, Didier, *Sans père et sans parole. La place du père dans l'équilibre de l'enfant,* Paris, Hachette, 1999.

DUPIN, Eric, *L'Hystérie identitaire*, Paris, Le Cherche-Midi, 2004.

EHRENBERG, Alain, *Le Culte de la performance*, Paris, Calmann-Lévy, 1991.

____, *La fatigue d'être soi. Dépression et société*, Paris, Odile Jacob, 1998.

EIGUER, Alberto, *Du bon usage du narcissisme*, Paris, Bayard, 1999.

ELIAS, Nobert, *Du temps* [1984], Paris, Fayard, 1996.

____, *La Société des individus* [1987], Paris, Fayard, 1991.

____, *Les Allemands*, Paris, Seuil, 2017.

ENGEL, Pascal, *Identité et référence. La théorie des noms propres de Frege et Krpke*, Paris, Presses de l'ENS, 1985.

ERIKSON, Erik H., "Ego Developement and Historical Change", in *Psychoanalytical Study of the Child*, II, 1946.

____, "The problem of Identity", *American Journal of Psychoanalysis*, vol. IV, 1956.

____, "Identity, Psychosocial", *International Encyclopedia of the Social Sciences*, 1968.

FERRET, Stéphane, *Le Philosophe et son scalpel. Le problème de l'identité personnelle*, Paris, Minuit, 1993.

\_\_\_\_, (éd), *L'identité*, Paris, GF-Flammarion, 1998.

FESTINGER, Leon, *A Theory of Cognitive Dissonance*, Stanford, Stanford University Press, 1957.

FINCHELSTEIN, Gilles, *Piège d'identité*, Paris, Fayard, 2016.

FINKIELKRAUT, Alain, *L'identité malheureuse*, Paris, Stock, 2013.

FRAENKEL, Béatrice, *La Signature. Genèse d'un signe*, Paris, allimard, 2012.

FRASER, Nancy, *Qu'est-ce que la justice sociale? Reconnaissance et redistribution* [2003], Paris, La Découverte, 2005.

GARFINKEL, Harold, *Studies in Ethnomethodology*, Englewood Cliffs, Prentice Hall, 1967.

GAUCHET, Marcel, *La Religion dans la démocratie. Parcours de la laïcité* [1998], Paris, Gallimard, "Folio", 2001.

GAULEJAC, Vincent (de), *La Névorse de classe*, Paris, Hommes et groupes éditeur, 1987.

GIDDENS, Anthony, *Modernity and Self-Identity. Self Society in the Late Modern Age*, London, Polity Press, 1991.

GLEVAREC, Hervé, "Ma radio", *Attachement et engagement*, INA, 2017.

GOFFMAN, Erving, *La Mise en scène de la vie quotidienne. 2. Les Relations en public* [1971], Paris, Minuit, 1973.

——, *Stigmate* [1963], Paris, Minuit, 1975.

——, "Identity Kits", in Mary Ellen Roach et Joanne Bubolz Eicher (eds), *Dress, Adornment, and the Social Order*, John Wiley and Sons, 1965.

——, *Les Cadres de l'expérience* [1974], Paris, Minuit, 1992.

GREEN, André, *Narcissisme de vie, narcissisme de mort* [1980], Paris, Minuit, 1983.

HACKING, Ian, *L'Ame réécrite. Etude sur la personnalité multiple et les sciences de la mémoire* [1995], Institut Synthélabo, 1998.

——, *Entre science et réalité. La construction*

*sociale de quoi?* [1999], Paris, La
Découverte, 2001.

HALL, Stuart, *Identité et cultures, 1. Politique
des "cultural Studies"*, Paris, Amsterdam,
2017.

HARRE, Rom, *Personal Being. A Theory
for Individual Psychology*, Oxford, Basil
Blackwell, 1983.

———, "Language Games and the Texts of
Identity", in John Shotter and Kenneth J.
Gergen (eds.), *Texts of Identity*, 1989, Sage,
1994.

HEINICH, Nathalie, "Relations publiques,
relations en public", *Communicaion et
organisations*, n° 4, novembre 1993.

———, "Façons d'être écrivain : l'identité
professionnelle en régime de singularité",
*Revue française de sociologie*, XXXVI-3,
juillet-septembre 1995.

———, *Etats de femme, L'identité féminine dans
la fiction occidentale*, Paris, Gallimard,
1996.

____, "Prix littéraires et crises identitaires : l'écrivain à l'épruve de la gloire", *Recherches en communication*, n° 6, 1996.

____, *L'Epreuve de la grandeur. Prix littéraires et reconnaissance,* Paris, La Découverte, 1999.

____, *Etre écrivain. Création et identité*, Paris, La Découverte, 2000.

____, "Devenir écrivain : une construction vocationnelle de l'identité", *Raison présente*, n° 134, 2000.

____, *Les Ambivalences de l'émancipation féminine*, Paris, Albin Michel, 2003.

____, "The Sociology of Vocqtional Prize : Recognition as Esteem", *Theory, Culture and society*, vol. 26, n° 5, septembre 2009.

____, *Le Bêtisier du sociologue*, Paris, Klincksieck, 2009.

____, "La bohème en trois dimensions : artiste réel, artiste imaginaire, artiste symbolique", in Pascal Brissette, Anthony Glinoer (éds), *Bohème sans frontière,*

Rennes, Presses universitaires de Rennes, 2010.

___, "Pour en finir avec "l'illusion" biographique", *L'Homme*, n° 195-196, juillet-décembre 2010.

___, "L'identité à l'épreuve de la juéité", *Etudes du CRIF*, hors-série "1944-2014", 2014.

___, "Cher Marquis", in Catriona Seth [éd.], *Lettres à Sade*, Vincennes, Editions Thierry Marchaisse, 2014.

___, *Des valeurs. Une approche sociologique*, Paris, Gallimard, 2017.

___, "Misères de la sociologie critique", *Le Débat*, n° 197, novembre-décembre 2017.

HONNETH, Axel, *La Lutte pour la reconnaissance* [1992], Paris, Cerf, 2000.

HYMAN, Herber H., "The Psychology of Status", *Archives of Psychology*, 1942, n° 269.

ILLOUZ, Eva, *Les Sentiments du capitalisme* [1997], Paris, Seuil, 2006.

JUNG, Carl G., *Ma vie. Souvenirs, rêves et pensées* [1961], Paris, Gallimard, "Folio", 1992.

KANTOROWICZ, Ernst, *Les Deux Corps du roi. Essai sur la théologie politique au Moyen Age* [1957], Paris, Gallimard, 1989.

KAUFMANN, Jean-Claude, *L'Invention de soi. Une théorie de l'identité,* Paris, Armand Colin, 2004.

LACAN, Jacques, *Ecrits,* Paris, Seuil, 1966.

LAHIRE, Bernard, *L'Homme pluriel. Les ressorts de l'action*, Paris, Nathan, 1998.

LAING, Ronald D., *Le Moi divisé* [1959], Stock, 1970.

____, *Soi et les autres* [1961], Gallimard, 1971.

LAPLANCHE, Jean, PONTALIS, Jean-Baptiste, *Vocabulaire de la psychanalyse,* Paris, PUF, 1967.

LAPIERRE, Nicole, *Changer de nom*, Paris, Stock, 1995.

LATOUR, Bruno, *Petite réflexion sur le culte moderne des dieux faitiches*, Paris, Les

Empêcheurs de penser en rond 1996.

LE BRAS, Hervé, *Malaise dans l'identité,* Arles, Actes Sud, 2017.

LEBRUN, Jean-Pierre, *Un monde sans limites. Essai pour une psychanalyse du social,* Paris, Erès, 1997.

LEGENDRE, Pierre, *Sur la question dogmatique en Occident*, Paris, Fayard, 1999.

LENSKI, Gerhard E., "Status Crystallization : a Non-Vertical Dimension of Social Status", *American Sociological Review,* août 1954, vol. 19, n° 4.

LEVI, Primo, *Si c'est un homme* [1947], Pocket, 1988.

LEVINAS, Emmanuel, *Ethique et infini,* 1982, Livre de poche, 1992.

LEVI-STRAUSS, Claude (éd.), *L'Identité*, 1977, Paris, PUF, 1983.

LINTON, Ralph, *Le Fondement culturel de la personnalité* [1945], Dunod, 1986.

LIPIANSKY, Edmond-Marc, "Identité

subjective et interaction", in Carmelo Camilleri *et alii, Stratégies identitaires,* Paris, PUF, 1990.

LORENZI-CIOLDI, Fabio, *Individus dominants et groupes dominés. Images masculines et féminines,* Grenoble, Presses universitaires, 1988.

MAALOUF, Amin, *Les Identités meurtrières,* Paris, Grsset, 1998.

MALEWSKA-PEYRE, Hanna, "Le processus de dévalorisation de l'identité et les stratégies identitaires", in Carmelo Camilleri *et alii, Stratégies identitaires,* Paris, PUF, 1990.

MARTELLI, Roger, *L'Identité, c'est la guerre,* Paris, Les liens qui libèrent, 2016.

MARTIGNY, Vincent, *Dire la France. Culture(s) et identités nationales,* 1981-1995, Paris, Presses de Sciences-Po, 2016.

MARTUCCELLI, Danilo, *Sociologies de la modernité,* Paris, Gallimard, "Folio-Essais", 1999.

MEAD, George H., *L'Esprit, le soi et la société*

[1934], Paris, PUF, 1963.

MERTON, Robert K., *Social Theory and Social Structure* [1949], New York, Macmillan, 1968.

\_\_\_, *The Sociology of Science. Theoretical and Empirical Investigations*, Chicago University Press, 1973.

MEYRAN, Régis (avec Valéry Rasplus), *Les Pièges de l'identité culturelle*, Paris, Berg International, 2012.

MICHAUD, Guy (éd.), *Identités collectives et relations interculturelles*, Bruxelles, Complexe, 1978.

MILLER, Alice, *Le Drame de l'enfant doué. A la recherche du vrai Soi* [1979], Paris, PUF, 1983.

MUCCHIELLI, Alex, *L'identité*, Paris, PUF, "Que sais-je?", 1986.

NATHAN, Tobie, *Nous ne sommes pas seuls au monde*, Paris, Les Empêcheurs de penser en rond, 2001.

NOIRIEL, Gérard, *A quoi sert* "l'identité

nationale", Marseille, Agone, 2007.

NORA, Pierre, "Les avatars de l'identité française", *Le Débat*, n° 159, mars-avril 2010.

PARIENTE, Jean-Claude, *Le Langage et l'individuel*, Paris, Armand Colin, 1973.

PERRIN, André, *Scènes de la vie intellectuelle en France*, Paris, Editions de l'Artilleur, 2016.

PESSOA, Fernando, *Fragments d'un voyage immobile*, Marseille, Rivages, 1990.

POLLAK, Michael, *Vienne 1900. Une identité blessée*, Paris, Gallimard-Julliard, 1984.

___, *L'Expérience concentrationnaire*, Paris, Métailié, 1990.

___, *Une identité blessée. Etudes de sociologie et d'histoire*, Métailié, 1993.

RAMUZ, Charles-Ferdinand, *Journal*, Paris, Grasset, 1945.

RICOEUR, Paul, *Temps et récit*, Paris, Seuil, 1984.

___, *Soi-même comme un autre*, Paris, Seuil,

1990.

\_\_\_, *Parcours de la reconnaissance*, Paris, Stock, 2004.

ROSSET, Clément, *Loin de moi : Etude sur l'identité*, Paris, Minuit, 1999.

ROY, Olivier, *Rethinking the Place of Religion in European Secularized Societies : The Need for more Open Societies*, in "ReligioWest", research project, Robert Schuman Centre for Advanced Studies, European University Institute, mars 2016.

SARTRE, Jean-Paul, *Réflexions sur la question juive*, Paris, Gallimard, 1946.

SCHLANGER, Judith, *La Vocation*, Paris, Seuil, 1997.

SCHNAPPER, Dominique, *La Communauté des citoyens. Sur l'idée moderne de nation*, Paris, Gallimard, 1994.

SHOTTER, John et GERGEN, Kenneth J. (éds.), *Texts of Identity*, 1989, London, Sage, 1994.

SIMMEL, Georg, *La Tragédie de la culture et autres essais* [1895], Marseille, Rivages,

1988.

\_\_\_, *Philosophie de l'amour* [1895], Marseille, Rivages, 1988.

SINGLY, François de, *Le couple et la famille*, Paris, Nathan, 1996.

STRAUSS, Anselm L., *Miroirs et masques. Une introduction à l'interactionnisme* [1959], Métailié, 1992.

TABOADA-LEONETTI, Isabelle, "Stratégies identitaires et minorité : le point de vue du sociologue", in Carmelo Camilleri *et alii, Stratégies identitaires*, Paris, PUF, 1990.

TAGUIEFF, Pierre-André, "Etre français : une évidence, un "je-ne-sais-pas" et une énigme", *Dogma, Revue de philosophie et de sciences humaines*, mars 2016.

TAP, Pierre (éd), *Identité individuelle et personnalisation*, Toulouse, Privat, 1980.

TAYLOR, Charles, *Multiculturalisme, Différence et démocratie* [1992], Paris, Aubier, 1994.

THIESSE, Anne-Marie, *La Création des*

*identités nationales : Europe xviiie-xxe siècle*, Paris, Seuil, 2001.

TISSERON, Serge, *L'Intimité surexposée*, Paris, Ramsay, 2001.

TODOROV, Tzvetan, *Le Jardin imparfait. La pensée humaniste en France*, Paris, Grasset, 1998.

VULTUR, Ioana, *Comprendre, L'herméneutique et les sciences humaines*, Gallimard "Folio", 2017.

WEIL, Patrick, *Liberté, égalité, discriminations : l'identité nationale au ragard de l'histoire*, Paris, Grasset, 2008.

WEISS, Louise, *Souvenirs d'une enfance républicaine*, Paris, Denoël, 1937.

WHITE, Harrison C., *Identité et contrôle. Une théorie de l'émergence des formations sociales* [1992], Paris, Editions de l'EHESS, 2011.

WINNICOTT, Donald. W., *Jeu et réalité. L'espace potentiel* [1971], Paris, Gallimard, 1975.

# 정체성이 아닌 것

초판 1쇄 발행  2021년 5월 10일

지은이  나탈리 하이니히
옮긴이  임지영
펴낸이  강수걸
편집장  권경옥
편집  윤은미 박정은 강나래 최예빈 김리연 신지은
디자인  권문경 조은비
경영관리  공여진
펴낸곳  산지니
등록  2005년 2월 7일 제333-3370000251002005000001호
주소  부산시 해운대구 수영강변대로 140 BCC 613호
전화  051-504-7070 | 팩스  051-507-7543
홈페이지  www.sanzinibook.com
전자우편  sanzini@sanzinibook.com
블로그  http://sanzinibook.tistory.com

ISBN  978-89-6545-722-0 03300

## 산지니가 펴낸 책

### 정치·사회

**정체성이 아닌 것** 나탈리 하이니히 지음 | 임지영 옮김

**중산층은 없다: 사회이동이 우리를 어떻게 호도하는가** 하다스
바이스 지음 | 문혜림·고민지 옮김

**인간의 권리: 인권사상·국내인권법·국제인권법** 김철수 지음

**약속과 예측: 연결성과 인문의 미래** 젠더어펙트 연구소

**한중 협력의 새로운 모색, 부산–상하이 협력** 동서대학교
중국연구센터 지음

**망각된 역사, 왜곡된 기억 '조선인 위안부'** 최은수 지음

**완월동 여자들** 정경숙 지음

**현대인의 자유와 소외** 황갑진 지음

**말랑말랑한 노동을 위하여** 황세원 지음

**벽이 없는 세계** 아이만 라쉬단 웡 지음 | 정상천 옮김

**한 권으로 읽는 마르크스와 자본론** 사사키 류지 지음 | 정성진 옮김

**윤리적 잡년** 재닛 하디·도씨 이스턴 지음 | 금경숙·곽규환 옮김

**교사의 사회의식 변화: 2005-2009-2014-2019** 정진상 지음

**김일성과 박정희의 경제전쟁** 정광민 지음

**전태일에서 노회찬까지: 청년들에게 들려주는 한국
진보정치사** 이창우 지음 *2020 6월 책씨앗 추천도서

**빅브라더에 맞서는 중국 여성들** 리타 홍 핀처 지음 | 윤승리 옮김

**21세기 마르크스 경제학** 정성진 지음

**정전(正戰)과 내전** 오오타케 코지 지음 | 윤인로 옮김

**헌법과 정치** 카를 슈미트 지음 | 김효전 옮김 *2020 대한민국학술원
우수도서

**내러티브와 장르: 미디어 분석의 핵심 개념들** 닉 레이시 지음 |

임영호 옮김

**사람 속에 함께 걷다** 박영미 지음

**나는 개성공단으로 출근합니다** 김민주 지음 *2020 2월 책씨앗 이달의책 선정도서

**저는 비정규직 초단시간 근로자입니다** 석정연 지음 *2020 한국출판산업진흥원 책나눔위원회 2월의 추천도서

**싸움의 품격** 안건모 지음 *2019 한국출판문화산업진흥원 출판콘텐츠 창작 지원 선정도서

**다시 시월 1979** 10.16부마항쟁연구소 엮음

**골목상인 분투기** 이정식 지음

**한국의 헌법학 연구** 김철수 엮음 *2020 대한민국학술원 우수도서

**그림 슬리퍼: 사우스 센트럴의 사라진 여인들** 크리스틴 펠리섹 지음 | 이나경 옮김 *2019년 서울국제도서전 여름 첫 책 선정도서

**대학과 청년** 류장수 지음

**CEO사회** 피터 블룸·칼 로즈 지음 | 장진영 옮김

**도시는 정치다** 윤일성 지음

**국가폭력과 유해발굴의 사회문화사** 노용석 지음 *2019 세종도서 우수학술도서

**중국 경제법의 이해** 김종우 지음

**세상에 나를 추천하라** 정꽝위 지음 | 곽규환·한철민 옮김

**독일 헌법학의 원천** 카를 슈미트 외 지음 | 김효전 옮김 *2018 세종도서 우수학술도서

**폴리아모리: 새로운 사랑의 가능성** 후카미 기쿠에 지음 | 곽규환·진효아 옮김

**선택: 진보로 부산을 새롭게 디자인하자** 현정길 지음

**사람 속에서 길을 찾다** 박영미 지음 *2018 세종도서 우수교양도서

**당당한 안녕: 죽음을 배우다** 이기숙 지음

**거리 민주주의: 시위와 조롱의 힘** 스티브 크로서 지음 | 문혜림 옮김

촌기자의 곧은 소리 장동범 지음 | 안기태 그림
사람이 희망이다 : 파워인터뷰 42 손정호 지음


**환경**

맥시멀 라이프가 싫어서 신귀선 지음

해오리 바다의 비밀 조미형 지음 | 박경효 그림 *2020 환경부
우수환경도서 *2019 한국문화예술위원회 문학나눔 선정도서

이렇게 웃고 살아도 되나 조혜원 지음 *2020 환경부 우수환경도서

*2018 한국문화예술위원회 문학나눔 선정도서

습지 그림일기 박은경 글 · 그림 *2018 대한출판문화협회 청소년교양도서

지리산 아! 사람아 윤주옥 지음

2℃ : 기후변화 시대의 새로운 이정표 김옥현 지음

해운대 바다상점 화덕헌 지음 *2018 환경부 우수환경도서

기후변화와 신사회계약 김옥현 지음 *2015 학교도서관저널 추천도서

촌놈 되기: 신진 시인의 30년 귀촌 생활 비록 신진 산문집

보약과 상약 김소희 지음

시내버스 타고 길과 사람 100배 즐기기 김훤주 지음 *2014 환경부
우수환경도서 *2012 문화관광부 우수교양도서

황금빛 물고기 김규정 글 · 그림 *2013 학교도서관저널 추천도서 *2013
문화관광부 우수교양도서

아파트키드 득구 이일균 지음 *2012 환경부 우수환경도서

강수돌 교수의 나부터 마을혁명 강수돌 지음 *2010 환경부
우수환경도서

습지와 인간 김훤주 지음 *2008 환경부 우수환경도서

한반도 환경대재앙 샨샤댐 진재운 지음 *2008 환경부 우수환경도서

백두산에 묻힌 발해를 찾아서 진재운 지음

도시, 변혁을 꿈꾸다 정달식 지음 *지역신문발전위원회 지원도서